당신은
어떻게 사랑을 떠날 것인가

당신은
어떻게 사랑을 떠날 것인가

이운진 디카시집

소월책방

| 차 례 |

글을 시작하며 6

사물의 시선
할머니의 실꾸리 10
하얀 심장 14
신발 한 켤레 18
엄마의 편지 20
달항아리 22
낡은 여행 가방의 여정 24
솟대 28
빈 집의 우편함 30
드림캐처 32
빈 의자 34
시간의 법칙 36
전봇대가 있는 골목 38
아직 이 가을을 더 44
오래된 유혹 46

풍경의 초대
나비의 꿈 52
선셋 증후군 2 56
꽃비 58
뒤의 초상 2 62
빗물에 뜬 봄 64
날씨가 전하는 당신 66
두 개의 침묵 70
우화(羽化) 72
기이한 밤 74
눈길에서 삶을 읽다 76
멀어지는 사람들 78

사랑한다면 이들처럼 80
버려지다 82
이웃집 고양이 84
슬픔의 방향 88
어떤 첫눈 90
불꽃 94
풍장(風葬) 96
밤의 틈으로 100
첫 키스 102

여행의 기록
바람의 편지 106
포옹 110
거룩한 한 끼 114
기원의 방식 1 118
허공의 문 120
우도(牛島)에서 124
기원의 방식 2 126
정동진 128
이중섭의 방 130
물길 132
동해의 오후 134
삶의 폭죽 136
기원의 방식 3 138
지극한 슬픔 140
터미널에서 144
우리 사랑은 146

| 글을 시작하며 |

순간과 우연의 수집가

　사진과 원고를 묶고 정리하면서 나는 나를 이렇게 부르고 싶었다. 내가 좋아하는 건 우연의 순간들이었다. 우연히 만난 풍경, 우연히 보게 된 표정, 우연히 듣게 된 한 마디. 그리고 그 순간 나를 사로잡은 느낌들. 단 한 번, 그 순간이 아니면 찍을 수 없는 것을 사진으로 찍고 그 우연의 만남을 글로 적곤 했다.

　사진을 찍고 글을 쓰는 행위는 무엇일까. 어떤 대상을 사진으로 찍었다는 것은 내 안의 무엇과 합치되는 지점이 있었기 때문일 것이다. 예를 들어 내가 구름을 찍었다면 구름에 대한 내 마음이나 생각을 찍었다는 것이지 구름의 관찰일지가 아니라는 말이다. 또 구름을 글로 적는 순간 물리적 거리는 마음 속 거리로 좁혀지고 새로운 의미로 자리매김 된다. 디카시는 이 두 가지 일을 동시에 부추긴다는 점에서 새로운 매력을 가지고 있다.

　대단할 것도 화려할 것도 없는 우리의 일상은 일부러 보려하지 않으면 눈에 들어오지 않는다. 인간의 시선은 철저히 보려고 하는 것만 보기 때문인데, 디카시는 이런 시선을 바꾸어 주는 힘도 가지고 있다. 더 작고 더 낮은 곳, 일상 속의 아름다운 단면들, 내 하루를 빛내준 사소한 사건들을 향해 눈과 마음을 열게 해주기 때문이다. 이것은 밋밋한 삶에서 특별한 순간을 발견하는 일이기도 해서 내가 여전히 사랑에 대해 쓰도록 가슴을 뜨겁게 덥혀준다.

그러나 사진에는 사진만의 개성이 있고 글에는 글만의 개성이 있어서 둘 사이의 거리는 가까우면서도 멀게 느껴질 때도 종종 있었다. 또한 시와 사진은 기억하고 망각하는 방식도 다르므로 그 사이의 여백을 조금 채우고자 시작노트를 붙여 보았다. 사진을 찍던 순간의 느낌이 다시 떠오르며 한 줄의 문장이 되는 경우도 있고, 시와 사진이 불러온 기억이 저절로 자리를 차지하고 앉을 때도 있었다. 시든 사진이든 짧은 글이든 간에 그 모두는 나를 표현하기 위한 것들이라는 점에서는 다를 바가 없으므로 한데 어우러져 더 큰 물결이 되길 바라본다.

남의 일기를 펼치면 쉽게 닫지 못하는 것처럼 누군가의 손에서 이 시집의 책장이 조용히 넘겨지는 모습을 상상하며 또 한 계절을 보낸다.

어디에나 있지만 어디에도 없는
나만의 특별한 사물이 있다.
마음이라는 보드라운 천으로만 닦을 수 있는 것.

그런 사물은 나를 울게 한다.

사물의 시선

할머니의 실꾸리

글자를 몰랐던 할머니
핏줄 같은 실을 감아 사랑을 썼네

-넘들 눈에 꽃같이 보이그래이

질기고 긴 그 마음
글자로 쓸 수 없는 기도라네

시작 노트

우리 집 반짇고리에는 이십 년이 족히 넘은 실꾸리가 몇 개 있다. 이십여 년 전, 결혼할 무렵에 할머니가 시골 장에 가서 실을 사다가 직접 감아 준 실몽당이들이다. 눈부신 하얀색에서 엷은 목련빛 아이보리 실까지 자세히 보면 실의 굵기와 질감, 색깔이 조금씩 다르다. 실이 감긴 각도와 방향, 탄력도 다 조금씩 다르지만 그래서 더 예쁘다는 생각이 드는 실꾸리들이다. 이불도 꿰매고 양말도 깁고 단추도 달라고 바늘도 각양각색으로 갖추어 주었다. 그 실몽당이들은 지금도 그때보다 거의 작아지지 않은 채로 할머니가 감아놓은 모양 그대로 있다. 왜냐하면 어느 때부턴가 할머니의 실들을 쓰지 않았기 때문이다. 그 실들을 다 써버리면 할머니와의 끈이 영영 사라져버린 것 같을 듯해서. 대신 무척 커다란 실타래를 하나 사다 놓았다. 기계로 촘촘하고 규칙적으로 감긴 실이다. 희한하게도 내가 사 놓은 실은 애정이 없는 사람의 얼굴처럼 무덤덤하다.

어쩌다 바느질을 할 일이 생겨서 반짇고리를 열 때마다 나는 할머니의 실꾸리들을 나란히 펼쳐놓고 오래도록 바라보곤 한다. 긴 실이 모두 할머니의 손가락 사이를 지나 왔을 거라는 생각을 하며 본다. 손녀인 내게 유난히 사랑이 깊었던 할머니의 마음이 아직도 거기에 풀리지 않은 채로 단단히 감겨 있는 것 같아서 가슴이 따뜻하게 슬퍼지고 만다.

평생 동안 우리를 위한 할머니의 기도는 남들 눈에도 할머니의 눈에 보이는 것처럼 꽃처럼 예쁘게만 보이도록 비는 것이었다. 잊고 살다가도 실들만 보면 저절로 할머니와의 오랜 추억과 이야기들이 스르르 풀려나오는 마법의 실꾸리들. 세월이 갈수록 그 실꾸리들에는 나만이 아는 냄새가 짙어가는 듯하다.

특별할 것 없는 물건 하나가 이토록 마음을 끈다. 그건 그 물건 속에 생(生)이 응결되어 있기 때문이고, 애틋한 한 사람의 기억이 담겨 있기 때문이다. 이처럼 향수어린 물건은 실질적인 용도보다 심리적인 측면에서 중요한 역할을 한다. 함께 보냈던 과거의 시간을 입증해주고 함께 했던 사람들과 나를 여전히 이어주는 다리가 되어준다. 낡고 오래된 물건이 좋은 이유는 본래 훌륭해서가 아니라 이런 깊은 유대감 때문일 것이다. 그래서 물건들 안에 들어 있는 과거와 아름다움은 무엇과도 바꿀 수가 없다.

한때 따뜻했던 기억은 체온보다 뜨겁다.

그런 기억들로 나는 간신히 식지 않는다.

하나씩 떠나가고 다시 오지 않는 자리를

그런 기억들로 꾹꾹 눌러 놓는다.

따뜻한 기억을 떠올리면 반드시 외로워진다.

하얀 심장

내가 감히 당신에게
이렇게 하찮은 심장을 드리지만

돌 속에 박은 마음
당신 아니면 뛰지 않네
당신 아니면 부서지지 않네

시작 노트

　아주아주 오랜 옛날, 인디언들에게 아직 말이 없었을 때 인디언들은 자신의 감정을 돌멩이로 표현했다고 한다. 화가 났을 때는 뾰족하게 모가 난 돌멩이를 상대방의 손에 쥐어주고, 행복할 때는 매끄러운 돌멩이를 쥐어주었다고 한다. 그러면 돌을 받아 쥔 사람은 누구라도 대번에 돌에 담긴 감정을 생생하게 느꼈을 터이니 얼마나 쉽고 현명한 생각인가. 이런저런 이유로 속마음과 감정을 솔직하고 분명하게 전달하지 못하는 나 같은 사람에게 참 좋은 방법이라는 생각이 들었다. 언젠간 꼭 인디언의 지혜를 빌려서 나도 고백의 마음을 담은 돌멩이를 건네줘야겠다는 생각도 했었다. 그런 이야기를 읽은 후, 낯선 마을의 시냇가에서 하얀 심장을 만났다.
　작은 강가의 흙속에 있기에는 너무 의미심장해 보이는 돌이 반쯤 박혀 있었다. 처음에 나는 흰빛에 끌려 손을 뻗었지만 돌이 몸체를 다 드러냈을 때는 마음을 들킨 사람처럼 조금 놀라며 살며시 웃었다. 누군가 아주 오래전에 인디언처럼 자신의 심장을 꺼내 보여주었는데 거절을 당하고 돌은 이곳에 버려졌던가싶은 상상을 불러일으키는 돌이었다. 나는 돌에 묻은 흙을 씻어 나뭇가지에 올려놓고 물기가 마르기를 기다리며 바라보았다.
　갈 곳을 잃은 마음이 지치면 저렇게 굳어가는 걸까. 저 심장을 버린 이는 어떻게 살아가고 있을까. 살아있는 한 한 번쯤은 불쑥 다시 만나길 기다리며 이곳을 지키고 있었던 것은 아닐까. 세월에 의한 풍화도 간단히 허락하지 않으려고 돌 속에 마음을 다 박아 넣었나. 이런 여러 생각을 하다가 돌이 있던 자리에 다시 돌을 가져다 놓기로 했다. 내가 함부로 취해도 될 돌이 아닌 듯했다. 어떤 누구의 인생이 더라도 잃어버린 마음 하나쯤은 있을 거고 떠나지 못하는 하루도 있을 테니까 말이다. 그런 것을 담고 있는 돌이라면 반드시 그 자리에 있어야 할 듯싶었다.

처음처럼 그 자리에 돌을 반쯤 묻고 나는 마음속으로 당신에게 물었다.

'내가 줄 수밖에 없는 이것을 당신에게 줘도 될까요?'

사랑의 연루란 그런 것이다.

내게 눈물이 흐른다면

당신의 심장에 묻어놓은 뇌관이 터지는 것.

하지만 이것은 더 많이 사랑하는 사람이 믿는

환상일지도 모른다.

신발 한 켤레

애쓰지 않아도 겨울은 가고
목숨처럼 무서운 사랑도 잊는데
무슨 미련이 있어
지나온 그 길들 잊지 못하겠는가

시작 노트

　숲길을 걷다가 눈 속에 묻힌 신발 한 켤레를 보았다. 고흐의 구두만큼 낡은 신발이었다. 밤사이 내린 눈을 덮었으니 적어도 하룻밤을 숲에서 보냈을 것인데, 한 겨울 숲길을 누가 맨발로 걸어간 것일까 궁금해졌다. 함부로 벗어던진 것도 아니고 가지런히 놓아두고 떠나간 이유는 무엇일까. 다른 신발로 갈아 신고 잊어버린 것일까. 신발의 등에는 눈이 쌓였는데 왜 그 안에는 쌓이지 않은 것인지, 혹 작은 다람쥐 한 마리가 신발 속에서 자고 가서 그 체온만큼 눈이 녹은 것인지. 가던 길을 멈추고 모르는 이의 신발 앞에서 온갖 상상을 했다.

　신발은 그런 것이다. 내 발모양과 걸음걸이와 생활을 고스란히 담고 있어서 벗어놓으면 더욱 초라하게 보이는 물건 중의 하나이다. 누군가의 신발은 왼쪽 앞코가 더 늘어지고 또 누군가는 오른쪽 뒤축이 유난히 닳아 기울어져 있는 것. 매일 조금씩 나와 같이 변해가는 것이라서 똑같은 사이즈라고해도 내 신발이 아니면 불편함을 느끼게 되는 것이다. 신발에 옮겨진 삶의 무게는 그 무엇으로도 가릴 수가 없으므로 가까운 이의 신발을 볼 때마다 마음은 아릿해질 수밖에 없다. 낡은 신발 한 켤레가 경건해질 수 있는 이유도 바로 한 사람의 인생이 지문처럼 새겨져 있기 때문일 것이다.

　눈 속의 신발에 햇살이 내리는 시간, 나는 어쩐지 저 신발의 주인이 인적 드문 숲길에 꼭 두고 가고 싶었던 건 마음이었을 거라는 혼자만의 믿음을 가지고 그곳을 떠나왔다. 지나온 모든 길 위의 일들을 다 잊어보리라 생각했던 사람의 신발이 오늘밤에도 다람쥐의 따뜻한 집이 되길 바라며.

엄마의 편지

엄마가 나를 부르는 순간
무쇠 같은 글자들이
기도의 무릎을 꿇는다

내 안에서 울음이 타들어간다

시작 노트

세뱃돈과 함께 엄마의 짧은 편지를 받았다. 우리의 모녀 관계로 말할 것 같으면, 배꼽이 빠질 만큼 웃음을 나눌 친밀한 옛 추억도 없고 등짝을 얻어맞으며 반항했던 큰 문제도 없다. 엄마나 나나 서로에게 서운함을 가진 채로, 또 무뚝뚝하기로는 이길 상대가 없는 성격을 고집하며 지내는데, 올해는 무슨 일인지 엄마가 편지를 써서 건네주었다. 실은 받은 봉투 채로 가방에 바로 넣어서 집에 돌아온 뒤 혼자 열어보다가 익숙한 글씨체에 마음이 툭 떨어지고 말았다. 필체에서 드러나는 감정에 울컥해졌다. 창문처럼 반듯하고 동글동글 예쁜 글씨는 아니지만 꾹꾹 눌러쓴 엄마의 글씨에 무엇이 담겼는지 모르는 사람이 있을까.

필체에는 글씨를 쓰던 그 사람의 손길과 내 이름을 적어 넣던

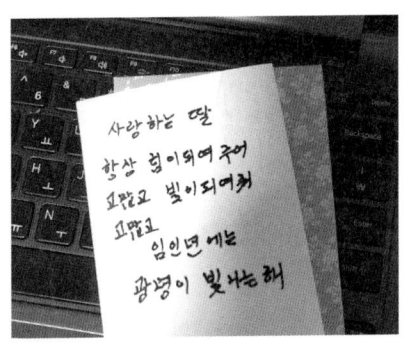

마음이 오롯이 담긴다. 또 필체를 안다는 건 그만큼 가까운 사이라는 말도 되니까 쓰인 내용보다 필체에 더 잔잔한 아픔이 느껴질 때가 있는 것이다. 오랫동안 글씨를 바라보면 그 사람의 모습까지 비쳐지곤 하는 이유도 필체는 목소리이고 마음이기 때문이다.

단 몇 줄의 글이지만 저 마음을 말하고자 엄마는 속으로 얼마나 많은 문장을 만들고 지우며 연습했을까. 몇 날 며칠을 속으로 쓰다가 막히면 다시 생각하고 나를 배려해서 수십 번 고쳐 썼을 텐데. 그리고 내게 가장 큰 기도가 될 말을 찾느라 고심했을 텐데. 저 행간 사이에는 또 하지 못한 말이 호수처럼 깊을 텐데. 나는 엄마의 편지에 대한 답을 이제야 한다. 겨우 이렇게.

달항아리

사람이 품을 수 없는 믿음을 가지면 저런 빛깔이 될까

튼튼한 아이를 길러낸 젖빛 같고
오늘 아침 첫 잎을 펼친 목련빛 같은

달항아리에
물 속 같은 고요가 번진다

시작 노트

　흰빛으로 빚어진 어수룩하게 둥근 항아리. 바라볼 때는 그저 무덤덤하지만 돌아서고 나서야 느끼게 되는 끌림이 있다. 내가 지니지 못한 순정한 아름다움은 저런 것일까. 국립중앙박물관에서 만난 달항아리는 한 마디로 말하기 어려운 빛깔을 지니고 있었다. 순백의 흰빛인가 들여다보면 젊은 아기 엄마의 젖빛깔 같고, 조금 멀어져 바라보면 푸르스름한 배경 빛이 깊은 곳에 어린다. 어진 백색과 웅숭깊은 푸른 빛 사이의 온갖 빛깔이 볼 때마다 다르게 비친다. 그래서 환하고 밝은 아름다움만 지닌 것이 아니었던 것이다. 또한 완벽하게 대칭을 이루는 곡선이 아니라, 일찍이 미술사학자 최순우선생이 '의젓한 곡선미'라고 불렀던 어리숭한 모양새는 더욱 정감이 간다. 중심이 있어야 할 곳에 허공을 둔 이유를 알 것도 같다.

　사람도 이런 사람이 좋다. 있는 대로 품을 벌려 다 안아줄 마음을 가진 사람. 누구의 슬픔인지 모를 적에도 가득 담아줄 줄 아는 그런 사람. 인적이 드문 박물관에서 나는 눈 가득 달항아리를 안고 사람을 그리워했다.

낡은 여행 가방의 여정

너로부터 멀어지고 너에게 등 돌리던
가파른 시간들을 담고 떠났다

해가 지고 있거나 달이 지고 있던 곳들

부서진 바퀴처럼 헛돌다가
여행을 멈출 수 있는 너에게로 다시 돌아온다

시작 노트

　벽장 정리를 하려고 짐들을 다 꺼내놓으니 유독 여행 가방에만 눈길이 간다. 여행 가방은 보는 것만으로도 설렘이 이는 마력이 있는 물건인지 여행 가방을 꾸리고 싶다는 생각이 들었다. 지루한 일상에 식어버린 피의 온도를 다시 높이는 것이 여행이라면 누가 여행이라는 것을 마다하겠는가.

　긴 여행을 많이 다니지 않았는데도 바퀴는 살짝 방향이 돌아가고 몸통은 여기저기 긁히고 눌린 흔적들이 많다. 가방의 상처들이 내가 멋진 여행가인 듯한 착각을 만들어준다. 저 가방을 끌고 다녀온 곳이라고 해봐야 고작 일본과 괌이었고, 그러고는 나처럼 벽장 속에서만 있던 가방인데도 제법 낡아서 여행에 닳은 느낌을 담고 있었다. 내 여행 가방은 여행으로 낡은 것이 아니라 기다림으로 낡아가고 있으므로 문득 시간을 흘러 지나오는 것도 여행인가, 그래서 인생은 여행에 비유되는가싶은 지나친 생각도 들었다.

　가방을 열어젖히니 오래 갇혀 있던 먼지 냄새가 훅 터져 나온다. 이 가방이 마지막으로 머물렀던 호텔방 바닥의 카펫에 쌓였던 먼지와 그 먼지 때문에 기침이 멈추지 않았던 밤도 떠올랐다. 냉장고에서 막 꺼낸 시원한 탄산수처럼 가슴이 뻥 뚫리던 이국의 푸른 바다도 가방에서 쏟아져 나왔다. 갑자기 잃어버렸던 시간을 되찾은 듯한 기분이 들었다.

상처를 아물게 해 줄 것이 아무것도 없을 때는 어딘가 먼 곳으로 떠나고 싶어진다. 풋내기 보헤미안처럼 별들과 구름이 지나가는 낯선 하늘 아래서 낯선 마을의 소음을 들으며 잠 깨어 아무 계획도 없는 며칠을 보내고 싶다. 훈훈한 밤공기 속에서 혼자 느끼는 자유는 얼마나 달콤한지 알고 싶다. 햇빛이 너무 맑아서 비어 있는 것 같은 곳을 가거나 삶에 감동하는 얼굴을 만난다면 여행 가방에 꼭 담아 오리라. 그런 여행을 하고 난 더 먼먼 훗날, 다시 여행 가방을 열었을 땐, 불쑥 꺼내보고는 울컥 울게 될지도 모르겠지만……

똑같은 얼굴을 만나는 것에도

잘 길들여진 자전거에도

쌓일 대로 쌓인 위로의 말에도

그 뒤에 어김없이 기다리고 있을 일상에도

말할 수 없이 지칠 때,

국경을 넘는 일은 얼마나 멋진가.

솟대

하늘과 땅 사이
새 한 마리 세우면

무엇도 슬프지 않은
아무것도 가난하지 않은
마음이 될까

시작 노트 *

　　하늘과 땅, 물을 자유롭게 다니며 그 사이의 염원을 실어 나르는 새. 우리는 그 새 한 마리를 장대에 올리면서 사람살이의 소망을 담고 이웃의 평안을 기원한다. 그 유래를 찾자면 아득한 옛 조상들로까지 거슬러 올라가야 한다는 사실만으로도 솟대의 뿌리는 깊고 굳다.

　　낯선 시골길을 가다가 마을 어귀에 장승과 솟대가 서 있는 것을 보면 왠지 그 마을 사람 모두가 순한 사람들일 것 같은 생각이 드는 것도, 그들이 염원을 아는 사람들이라는 믿음 때문이다. 특히 솟대는 아름다운 모양과 다양한 모습 때문에 더욱 마음이 간다. 나무

가 생긴 모양을 크게 훼손하지 않고 새의 모습을 깎아내는 손길은 예술가의 손길과 다르지 않다. 하늘로 비상하는 것인지 땅으로 내려앉는 것인지 모를 자세는 또 어떤가. 그러면서도 하늘을 향한 눈빛은 염원에 대한 답을 기다리는 것만 같다. 하여 내 소원의 극진함이 아무리 커도 솟대의 허공만도 못하다는 건 당연한 것일 터이다.

    하늘과 땅 사이, 다른 사람의 눈에는 보이지 않는 나만의 솟대 하나를 세운다. 어떤 미소로도 위안 받을 수 없는 마음을 위해 바람 속에 새 한 마리 놓아둔다. 아무것도 없는 곳으로 훌쩍 건너갈 새를 나인 듯 높이 올려놓는다. 허공에 흔적을 남기지 않고 날아가는 새를.

빈 집의 우편함

기다림은 무겁게 녹이 슨다
매일매일
가만히 붉어지다가
영영 외롭게 되는 것

두근거리는 것이 떠난 심장처럼

시작 노트 *

    예전에는 저 우편함에도 매일 새 소식들이 배달되고, 분홍빛 볼을 가진 소녀는 답장이 오기를 기다리며 하루에도 여러 번 우편함을 열어보았을 것이다. 우편함을 뒤지고 매번 낙담하면서도 끝내 포기는 하지 않던 때가 내게도 있었다.

    고등학교 시절, 연합수련회에서 만난 친구들과의 편지가 시작된 이후로 집배원 아저씨는 가장 반가운 손님이었고, 우편함은 가장 신성한 사물이었다. 이제는 그 이름이 입술 위에 떠오르지도 않는 먼 과거가 되었지만, 그때 나는 편지를 쓰는 일로 사춘기의 모든 고비를 넘겼다. 예닐곱 명의 친구들과 편지를 했으니 거의 매일 내게로 온 편지가 있었고 거의 매일 답장을 써야 했다. 영어 단어보다 편지에 쓸 좋은 글귀를 찾느라 고심했고 수학문제보다 예쁜 편지지를 고르는 게 더 어려운 과제였다. 그렇게 이년쯤 이어진 편지들은 대학입시를 앞둔 수험생이 되면서 차츰 줄어들었어도, 마지막까지 오지 않는

답장을 기다리며 편지를 쓴 것은 나였다. 우편함의 문이 덜렁거리게 되도록 여닫았던 시절이 이제는 저 우편함처럼 낡아버렸지만, 여전히 우편함을 보면 내 이름이 적힌 편지가 없나 궁금해진다.

편지보다 광고 스티커가 더 많이 붙었다가 비바람에 떨어진 우편함. 빈 집을 지키며 녹슬어가는 우편함을 한 번 열어보았다. 얼마나 오래 닫혀있었는지 커다란 철대문을 여는 듯한 소리가 났다. 뭉쳐진 먼지와 운 좋게 날아 들어온 낙엽 부스러기가 조금 있었다. 미묘한 무의미의 느낌과 허무함이 잔잔하게 밀려왔다. 내가 쓴 편지들은 다 무엇이 되었을까. 내가 기다리던 마음과 시간들은 다 어디로 갔을까. 시간이 운반하는 모든 내용은 빈 집의 우편함처럼 비어가고 녹이 슨다. 그러다 무너지거나 사라질 것이다. 그 느린 소멸의 시간이 오늘도 성실히 흘러가고 있다.

드림캐처

사랑을 아주 잊어버리는 꿈속에 가지 않도록
입술과 손 하나를 잃고
땀에 젖어 꿈꾸는 밤이 오지 않도록

창문에 둥근 눈을 건다
가슴에는 당신을 달아 놓는다

시작 노트

꿈은 징표로 둘러싸여서 예언 같은 생각이 들 때가 있다. 예고도 없이 찾아와서 깊은 잠을 빼앗고, 다음날 또는 며칠 동안 머리에서 떠나지 않을 때도 있다. 심지어 아무리 기억해보려 해도 꿈은 기억나지 않고 꿈의 느낌들만 기억날 때면 마음은 종잡을 수 없이 어수선해지기도 한다. 맥락도 없고 해석도 불가능한 꿈속의 일이지만 분명 경험한 일이어서 함부로 내쳐지지도 않는다. 현실에서 만나면 장난이라고 지나칠 수 있는 일도 꿈에서는 정말 무서울 수 있는 것이다.

이처럼 아무도 보지 못하고 누구도 듣지 못하는 꿈의 일을 해결하고자 아메리카 원주민들은 드림캐처라는 주술품을 만들었다. 동그란 틀 안에 거미줄 같은 실을 엮어 머리맡에 걸어두면 악몽이 걸려서 오지 못한다고 믿었다. 소박하지만 간절한 마음의 물건이 누군가의 창문 밖에 가득 걸려 있다. 침대 위도 아니고 집을 지키는 드림캐처라니. 아니, 동네를 지키는 드림캐처인가. 오가는 강아지와 고양이, 온갖 새와 곤충들의 꿈까지 지키는 것인가. 상상을 여기까지 펼치자 장미덩굴에 주렁주렁 달아놓은 작은 기도가 고맙고 예쁘게 느껴졌다.

나도 가끔, 생각하는 것만으로도 마음이 아픈 것들을 꿈에서 만날 때가 있다. 영영 헤어진 사람이 웃으면서 인사하거나, 그 사람을 쫓아 아무리 달려가도 이백 걸음 정도 떨어진 채 있거나, 내가 놓아주었다는 사실을 잊은 새가 새장에서 슬픈 노래를 하는 꿈들. 악몽이라고 할 수는 없어도 온몸이 무거워지는 꿈을 꿀 때가 있다. 깨어 있는 때에는 견딜 수 있던 것들도 꿈에서는 견딜 수 없어지는 꿈이 다시 올까봐 잠들기 두려울 때, 그런 꿈 때문에 어렴풋이 불안하고 어렴풋이 우울할 때, 나의 드림캐처인 당신을 심장에 건다.

빈 의자

목련 지는 밤

주머니 가득 눈물을 채우고
빈 의자에 등을 기대면

의자와 나
누가 더 따뜻한가

시작 노트 *

　반질반질 윤이 나던 새 의자도 삐걱거리며 흔들리고 다리가 꺾여 허물어진다. 더 이상 의자로서의 역할을 할 수 없게 되면 가차 없이 버려진다. 가장 많이 사용하는 가구이므로 다른 가구보다 쉽게 부서지고 많이 버려지는 것 같다. 쓰레기 수거 스티커를 붙여놓은 의자를 심심찮게 만날 수 있으니.

　공터 귀퉁이에서 비바람에 찢기며 낡고 있는 의자들이 어떤 삶을 살다 버려졌는지 누구도 궁금해 하지 않지만, 저들도 처음엔 튼튼하고 멋진 의자였을 것이다. 어느 가족의 식탁 혹은 책상 앞에서 매일 누군가를 앉혀 일을 도왔고 그러다가 다리가 꺾였거나 등받이가 떨어져 집 밖으로 쫓겨났다. 의자의 일생이 끝난 것이다.

　그러나 바깥의 텅 빈 공간을 차지한 빈 의자는 다른 쓸모가 생기기도 한다. 의자가 놓이는 순간 빈 공간은 존재를 맞을 준비를 하게 되니까. 날아가던 참새나 비둘기, 혹은 바람결에 떨어지는 꽃잎, 그늘을 찾던 길고양이가 잠시 머물다 갈 수도 있고, 화단을 쓸던 빗자루를 기대어 놓기에도 적당하다. 그리고 가끔 저 빈 의자에 너에 대한 추억을 앉혀 놓고 곁에 앉으면 나는 혼자이면서 혼자가 아닌 것 같아서 좋았다. 적당히 풀어진 자세로 기대고 앉으면 내 등을 받쳐주는 의자와 내가 나란히 따뜻해져서 좋았다. 주인이 없어진 빈 의자는 그 어떤 그늘보다도 나뭇잎이 많고 그 어떤 책보다도 새로운 이야기로 가득해지는 것도 다 좋았다. 그래서 나는 가끔 빈 의자에게 간다.

시간의 법칙

제아무리 간절한 마음도
제아무리 뜨거운 심장도
제아무리 튼튼한 약속도
시간의 그을음에
녹이 난다

시작 노트 *

　　사랑의 자물쇠로 유명한 곳은 세계의 곳곳에 있다. 먼저 파리에서 가장 낭만적인 다리라는 퐁 데자르 다리가 그렇고 로마와 피렌체, 프라하와 암스테르담, 세르비아 남부의 어느 다리 난간도 그렇단다. 아니 실은 사랑을 묶고 싶은 사람들이 있는 곳이라면 어디든 그런 것이다. 가까운 곳으로는 남산에도 사랑의 광장이 있다. 너무 많이 매단 자물쇠의 무게 때문에 안전문제가 생겨 자물쇠를 철거해도 얼마 지나지 않아 사람들은 금방 빼곡하게 약속들을 채우고 만다. 나는 이 무수한 자물쇠들을 볼 때마다 여러 가지 생각이 든다.

　　저렇게 약속을 잠가서 꽁꽁 묶어두고 간 사람들은 마음을 놓고 잘 지낼까. 둘만의 사랑을 잠근 대로 둘만의 삶을 만들었을까. 이제는 약속을 하던 때의 소소한 걱정거리나 운명의 내용을 분명히 기억할 필요가 없는 나날을 보내고 있을까. 자물쇠의 마법이 모자라 헤

어진 사람들은 혹시 잠가놓은 약속의 봉인을 풀어주고 싶지는 않을까. 다른 사랑을 시작하면 다른 자물쇠를 또 달까…… 수많은 자물쇠만큼 많은 사연들이 무엇인지 궁금해지다가도 또 모든 사랑은 다르지 않다는 혼자만의 결론으로 생각을 접곤 한다.

    그러나 약속이 깨지는 가혹함이 없더라도, 삶에도 아픔에도 닳은 적 없이도 결국 모든 것은 시간 속에서 녹슬어간다. 그것이 마음이든 물건이든 약속이든 간에. 이건 중력의 법칙처럼 바꿀 수도 침범할 수도 없는 법칙이다. 녹슨 자물쇠를 볼 때 간간이 마음에 스치는 쓸쓸함은 바로 이런 이유 때문일 것이다. 어쩌면 그래서 우리는 더 필사적으로 삶의 여러 지점과 온갖 일들에서 의미를 찾고 약속을 하고 그것을 묶어두는지 모르겠다. 내가 존재해서, 당신이 존재해서 이렇게 함께 있었다는 사실을 기억하자고.

전봇대가 있는 골목

환한 그늘과 어둑한 빛이 섞이고
약속과 비밀이 나누어지지 않은 채
전봇대 아래서 우리는 키가 자랐다

전봇대처럼 우뚝하고 외롭게
어둠의 속도를 익혔다

시작 노트 *

　길을 가다 구불구불한 작은 골목길을 만나면 나는 토끼 굴에 들어가는 앨리스처럼 그 안으로 빨려 들어가고 만다. 그곳이 처음 도착한 낯선 도시이건 고향집 뒷골목이건 간에 골목길 앞에서 망설이는 법이 없다. 일부러 골목길을 찾아 서울의 여러 곳을 다닌 적도 있을 만큼 골목길에 대한 나의 애정은 남다르다. 골목 끝이 어디로 뻗어 있는지 모르는 골목일수록 더욱 기분이 좋다. 큰 도로의 소음 대신 간간이 담 너머로 그 집 아이의 이름을 부르는 소리가 들리는 곳. 마당에서 빨래가 마르고 골목 담벼락에 작은 꽃들이 흩어져 있는 풍경을 보려고 골목길을 찾아 가기도 한다. 그러다 골목길이 다시 갈라지는 지점쯤에 우뚝 서 있는 전봇대를 만나면 친구라도 본 듯 얼마나 반가운지. 어쩌면 나는 지금도 내 기억 속에 서 있는 전봇대에 가려고 골목길을 헤매는가 싶다.
　전봇대는 사람이 사는 곳이라면 어디서나 볼 수 있지만 아파트와 빌딩들이 늘어선 대로에서보다 야트막한 집들이 옹기종기 모여 있는 골목길이 제격이다. 얽히고설킨 전선 사이로 보는 파란 하늘과 솜사탕 같은 흰 구름은 훨씬 더 정감 있고 예쁘니까. 참새 떼가 줄지어 앉은 전봇대의 전선들은 명랑해 보이다가도, 석양 속에 외롭게 서 있는 모습은 발걸음을 쉬이 돌리지 못하게 한다. 그러나 그 어떤 풍경보다 중요한 사실은, 전봇대는 내게 지나간 한 시절을 기억하게 하는 사물이라는 것이다. 추억을 간직한 사물은 그 무엇으로도 대체할 수가 없는데 전봇대는 내게 친구들의 이름과 순진무구했던 우정을 떠올려 준다.
　나와 친구 둘, 우리 세 사람 집의 대략 중간쯤 되는 골목 입구에 전봇대가 서 있었다. 학교에서 돌아오는 길엔 어김없이 그 전봇대 앞에서 다리가 아프도록 이야기를 하다가 겨우 헤어지곤 했다. 좋아하는 가수 이야기, 어젯밤 꿈과 짝사랑하는 남학생 이야기뿐 아니라 엄마에 대한 미운 마음까지 전봇대 앞에서 나누어 가졌다. 때로는 전봇대에 등을 기대고 때론 전봇대 뒤로 숨어서 사춘기의 시간을 함께 건너가고 있었다. 그러던 어느 날, 우연히 친구가 작은 종이 한 장을 전봇대에 붙였다. 그 전봇대에는 이미 크고 작은 종이들이 여러 개 붙어 있었다. 삐뚤삐뚤한 글씨로 골목 안집에 월세 방이 있다고 쓴 종이도 붙어 있었고, 글자가 희미해져가는 중국집 개업 안내장도 달랑거리고 있었다. 그 종이들 사이로 친구가 붙인 손바닥만 한 종이에는 누군가의 얼굴이 그려져 있었다. 얼마 전 돌아가신 친구의 아빠였다. 수업시간에 문득 아빠 생각이 나서 울음이 터지려는 것을 그림을 그리면서 간신히 참았다고 했다. 그런데 그것을 엄마가 보면 슬퍼할 것 같다고, 그렇지만 버릴 순 없어서 전봇대에 붙여놓는다고. 속 깊은 친구의 슬픔과 아픔에 오래 울었던 기억이 난다. 전봇대 앞에서, 전봇대에 붙여놓은 친구 아빠의 얼굴을 보면서. 그 뒤로 우리는 누가 먼저랄 것도 없이 가슴 속 이야기를 전봇대에 붙여놓곤 했다. 전봇대에는 온갖 내용의 종이들이 덕지덕지 붙었다가 떨어졌으므로 작은 종이 한 장을 더 붙여도 눈에 잘 띄지 않았기 때문이다. 그리고 우리는 비밀을 어딘가에 말했다는 그 사실만으로도 들끓는 마음을 좀 진정시켰던 것 같다.

    그 해가 끝나고 우리가 각자 다른 학교로 진학할 때까지 전봇대는 우리의 이야기를 모두 듣고 있었다. 전봇대가 없었다면 우리는 조금 더 힘든 시간을 통과했을지도 모른다. 지금도 나는 전봇대에 뭔가 붙어 있는 것을 보면 가까이 다가가 꼭 읽고 지나간다. 예전의 나처럼 누군가 담고 있기 힘든 비밀을 몰래 붙여놓고 가지는 않았나 싶어서.

내가 어린 날에 보았던, 기름을 먹여서 까맣던 나무 전봇대는 이제 회색빛 콘크리트 전봇대로 바뀌었지만 소소한 삶의 이야기들은 여전히 전봇대에 붙어 바람에 팔락거린다. 골목마다 자리 잡은 전봇대는 그 골목의 사연들을 보여준다. 어느 곳이건 전봇대는 게시판이며 복덕방이고, 벼룩시장이 된다. 애초에는 문명의 상징으로 우뚝 선 전봇대였지만 골목길에 자리하는 순간, 온갖 역할을 마다할 수 없는 일이다. 구인 구직 광고, 국제 결혼, 전월세 등의 광고들이 하루가 멀다 하고 붙었다 떨어진다. 또 소변금지라는 글씨 위에 길 잃은 강아지와 고양이 사진이 붙는가하면, 실종된 아이를 찾는 애타는 부모의 심장이 붉게 붙어 있는 것도 종종 본다. 그 종이 한 장 한 장은 모두 살아가는 이야기이며 우리의 모습이라서 애틋하고 묵묵한 것이다.

전봇대에 등을 대고 말뚝 박기를 하던 동네 아이들이 모였다 사라지면 귀가하는 아빠가 전봇대 허리를 붙잡고 세상에서 다친 마음을 잠시 매만지기도 한다. 사람뿐인가. 떠돌이 개나 길고양이들도 돌아갈 곳이 없어 맴돌다 쌓인 쓰레기 더미를 뒤지는 곳도 전봇대 아래이다. 어느 하루 똑같이 흘러가는 날이 없듯이 전봇대를 스쳐가는 사연도 이처럼 무척 다양하다. 그러나 그 어떤 날씨에도, 어떤 상황에도, 어느 누가 와도 변함없이 꿋꿋하고 듬직하게 서 있으므로 어느 시인은 전봇대를 보고 "신처럼 우뚝 서 있는" 존재라고 말하기도 했다.

시인의 생각대로 막다른 마음을 편안하게 내려놓고 다시 되돌아가도록 해준다면 그것이 무엇이든 신의 마음이라는 것에 고개가 끄덕여진다. 나와 내 친구들이 전봇대에 기댔던 그 마음도 이와 다르지 않았을 테니까.

    나의 기억과 과거의 시간을 이토록 단단하게 부여잡고 있는 전봇대를 생각하다 보니, 너무 오래 잊었던 친구들도 그리워진다. 전봇대에 모여서 참새처럼 떠들던 그날처럼, 내 기억속의 골목길을 다시 찾아가 여기서 꼭 만나자는 커다란 쪽지를 써서 전봇대에 붙여놓고 싶어진다.

○

다시 그 자리에 가도

다시 그날이 되진 않는다.

시간이 아물게 한 상처의 자국에만

우리 이야기의 시작과 끝이 남아 있을 뿐이다.

그러니 어쩔 수 없는 일은

어쩔 수가 없는 일…….

아직 이 가을을 더

마음에서 누군가의 이름 하나 지우는 것보다
잠깐인 가을

햇빛은 언제까지나 햇빛이고
외로움은 언제까지나 외로움인 가을을

조금만 더

시작 노트

    1년 내내 쌓아온 것들을 다 떨쳐버리는 데 나무는 며칠밖에 걸리지 않는다. 그것도 해마다 모두 버린다는 사실을 생각하면 새삼스럽게 놀랍다. 그건 아마 때가 되면 다시 쌓아올리고 무성해질 수 있는 자신을 믿어서 가능한 일일 것이다. 재생을 하기 위해서는 자신 안에서 무언가가 소멸하도록 놔두어야 한다는데 해마다 미련 없이 나뭇잎을 떨구는 나무의 철학이 이런 것인가 보다. 애착 없는 자유로움으로 가볍게 회귀하는 나뭇잎의 모습도 근사하다. 하여 시간과 자연의 질서를 치우지 않고 놓아두기로 한 모양이다. 은행잎이 폭설처럼 내리는 계절. 쓸어도 쓸어도 겹겹이 쌓이는 노란 잎들을 덮고 대나무 빗자루는 누워버렸으니. 만추의 얇은 햇볕에 몸을 쬐면서 몸이 다 덮일 때까지 나른하게 기다리는 게으름의 맛. 아름답고 짧은 가을에는 용서가 되는 사치라는 생각이 든다.

    빗자루가 조용하게 외로운 것들을 위해 일을 멈추고 있는 동안, 폭신한 낙엽길을 밟으러 강아지를 데리고 사람들이 왔다가 가고, 고양이가 몰래 뒹굴다 간다. 나도 자주 두터워지는 은행잎 길을 오가며 빗자루를 버려두고 오지 않는 주인의 심정에 속으로 고마워했다. 잎들이 한꺼번에 떨어져 내릴 것을 근심했다면 나무는 저토록 철없이 열심히 키워낼 순 없었을 거라는 생각도 했고, 한 철을 살면서도 나뭇잎은 이렇게 성실하고 완벽하게 살다가는구나 싶어 세상을 배우는 느낌도 들었다. 이 풍경과 길이 어디 먼 나라에 있다는 철학자의 길과 다르지 않겠다는 자만심도 살짝 들었다. 그러나 이 모든 왔던 것들이 다시 떠나가고 있는 가을날은 사랑처럼 너무 짧기만 하다.

오래된 유혹

경쾌하게 반복되는 실망이
하나 둘 셋
잃어버린 동전이 하나 둘 셋이지만

이 앞에만 서면
나는 터무니없이 희망적이다

시작 노트 *

　이제야 하는 고백이지만, 사실 열 살이 되기 전에 나는 문방구 주인이 되는 게 꿈이었다. 대통령과 과학자, 선생님이나 간호사가 꿈의 순위에 오르내리던 시절에 나는 그런 꿈을 가졌다는 게 부끄러워서 말은 못했지만, 속으로는 문방구 주인이 정말 되고 싶었다. 온갖 종류의 학용품과 장난감들, 달콤한 막대사탕과 행운을 점쳐주는 뽑기 기계들은 언제나 강렬한 유혹이었다. 작은 시골마을에서 문방구는 환상의 장소와 다름없었다. 용돈이라는 것도 몰랐고 돈은 없었으므로 들어가지도 못한 채 바깥에서 먼빛으로만 보는 아쉬움이 나의 꿈을 더 부추겼을지도 모르겠다. 어쨌거나 나는 마음껏 뽑기를 해 보고 싶었다. 동전을 넣고 달칵하는 소리가 나도록 돌리면 또르르 굴러 내려오는 동그란 공을 두 손 가득 안고 싶었던 것이다. 열어봐야 손가락에 맞지 않는 플라스틱 반지거나 종이딱지 몇 장이 대부분이지만, 내 손으로 어떤 행운을 뽑고 기다리는 마음이 나에게 특별한 느낌을 주었던 것 같다.

　그로부터 아주 많은 시간이 흐른 뒤, 아이들을 낳고 키우면서 다시 문방구의 뽑기 기계들 앞에 앉게 되었다. 동전 몇 개씩을 아이들 손에 쥐어주고는 조그만 입구에 얼굴을 가져다댄 모습을 가만히 바라보았다. 이 녀석들도 그때 나처럼 떨리는 마음이겠구나 싶어 괜히 기분이 좋았다. 자신도 모르는 사이 어떤 기대를 갖는 작은 즐거움을 느낄 테고, 또 바라던 선물이 아니라 기대가 무너지는 작은 실망도 배울 테지. 작은 공을 열 때마다 표정이 바뀌는 아이들의 모습을 보면서 어린 날의 나를 떠올려보았다.

    이제는 아이들도 문방구와 뽑기 기계들을 잊을 만큼 커버린 시절, 문방구 앞을 지나다가 우연히 시선이 멈췄다. 그러고는 문득 삶의 사건들도 뽑을 수 있다면 그저 저 뽑기 기계만큼만 되면 좋겠다는 생각이 들었다. 나눠줘도 아쉽지 않을 정도의 행운이므로 욕심내지 않을 테고. 또 적어도 저 기계에서는 가슴을 도려내는 것들은 나오지 않으니까. 그뿐인가. 공을 열고 실망했다고 삶이 무너지지도 않으니 얼마나 마음이 놓이나. 게다가 어디로 튈지 모르는 탱탱볼이 나오면 그날 하루의 운수대로 맘껏 튀어 올라도 괜찮잖아.

。
아무런 특별한 일도 없었고

손가락질 받을 나쁜 일은 하지 않았고

두꺼운 책을 읽다가 깜빡 졸다가 깨도

삶은 흐르던 대로 흐르고 있으니

이만하면 오늘의 뽑기는 행운인 거다.

풍경 자체는 아무 말도 하지 않는다.
풍경의 아름다움은 바라보는 이의 마음에서 시작되고,
풍경의 주제를 시간으로 채우는 것은 언제나 사람들이다.

풍경의 초대

나비의 꿈

꽃밭의 바깥에서
나를 만난다

꽃이라는 감옥으로 돌아가지 않으리

시작 노트 *

　나비 한 마리가 놀이터 가장자리의 깨지고 움푹 팬 시멘트 물웅덩이에 앉는 것을 보았다. 울타리로 심은 꽃나무와 화단에는 몇 가지 꽃이 섞여 꽃내가 어지러운데 나비는 그늘 속 물웅덩이에 몸을 내려놓았다. 꽃을 찾느라 목이 말랐던지. 조금 낯선 모습에 눈길을 거두지 못하고 나비를 바라보았다. 물을 마시고 금방 날아갈 줄 알았는데 그렇게 한동안 미동도 없는 나비에게 호기심 이상의 마음이 생겨났다.

　그리고 그 순간, 내 머리 속에서는 카라바조의 <나르키소스>가 겹쳐졌다. 꼭 닮은 것도 아닌 두 이미지가 예기치 않게 동시에 떠오른 이유가 무엇인지는 명확하지 않다. 다만 날개를 편 나비의 모습이 두 팔을 벌린 그림 속 소년의 자세를 떠오르게 했던 것 같다. 게다가 둘 다 물속의 제 모습을 보고 있지 않은가. 나는 곧 나르키소스처럼 나비가 물에 비친 자신을 보고, 그 안까지 알아보았을 거라는 상상에 이르렀다. 꽃밭이라는 무대를 벗어나면 나비의 역할도 달라질지 모른다. 꽃 사이를 날아다니는 날갯짓이 다른 곳에 대한 열망으로 방향을 바꿀지도 모른다. 그러니 이제 나비는 돌아갈 수 없을 것이라고. 그곳이 꽃이라 해도, 자신의 한계를 지어주는 것이라면 꽃도 감옥이 되므로.

　사진을 찍던 그 순간에는 미처 알지 못했다. 잠깐 마주친 이 풍경이 이토록 오래 나를 잡아둘 거라고는. 수년의 세월이 흐르고 단 석

줄의 글이 내게로 왔을 때야 비로소 알았다. 이것은 다름 아닌 내 안의 목소리였음을. 운명에 저항할 수 없어서 사람들에게는 꽃밭으로 보이는 곳에서 나비로 살아가지만, 어쩌면 꽃밭이 아닌 시멘트 물웅덩이가 나를 더 꿈꾸게 할 수도 있겠다는 생각을 했다. 그래서 현실에서는 실현되지 않을 다른 결말들을 꿈꾸고 싶을 때면 가슴속에서 나비 한 마리가 나풀나풀 날개를 편다. 내 안에서 영원히 살게 된, 자신의 꿈과 자유를 알아버린 나비 한 마리가 새보다 높이 창공을 날아간다.

나를 인식한다는 것은 이 세상 속에 존재하는

나를 잊지 않는 일이다.

'내가 여기 있다. 홀로'

이 한 문장이 누군가에게는 기어코 낯설 것이지만

이것으로부터 모든 것이 새롭게 시작되기도 한다.

선셋 증후군 2

시간의 빛깔과 공간의 빛깔을 나눌 수 없는
장엄한 막간

삶의 체온과 슬픔이 같아지는 시간에
누가 나를 부르는가

시작 노트 *

낮의 그림자가 밤의 외투 속에 섞여들기 시작하는 시간. 슬픈 오페라의 배경 같은 하늘. 낯선 카페에서 어깨를 붙이고 앉을 사람이 그리운 그런 저녁⋯⋯

눈물이 차오르는 느낌으로 노을이 번지면 가슴이 뛴다. 저물어 가는 하늘의 장밋빛이 내 안까지 스미면 나의 내면에 숨어 있다가 모습을 드러내기 시작하는 그 무엇이 있다. 그래서 저녁이 될 때 찾아드는 저 한 순간의 설렘에는 약간의 불안감도 섞여 있는 것이다.

큰 도시에서 외롭게 쫓겨 다니다 어느 날 한강에서 이런 풍경을 만나면 이 거대한 도시가 무심한 아름다움으로 감싸인 듯 느껴진다. 게다가 평화스럽기까지 해 보이면 고달픈 삶의 신호들도 잠시 잊어버리고 만다. 하늘이 어둑해져 첫 저녁별이 돋아날 때까지 한사코 자리를 지켜야 하는 이유들이 마음에서 하나 둘 생겨나 발을 붙잡는다.

일몰은 아직도 아름다운 곳이 남아 있다는 사실을 일깨워주는 풍경이라고 할까. 가엾고 끝없고 영원한 것에 대한 믿음을 가지라는 말씀이라고 할까. 하루 중 어느 때가 되면 사람들에겐 삶의 체온과 슬픔이 같아지는 자신만의 시간이 있는데, 내겐 언제나 저녁 빛이 무르익는 때가 그렇다. 모든 사물들이 자신의 깊이를 드러내는 낮과 밤 사이, 막간의 무대에서는 언제나 나를 부르는 소리가 들린다. 마치 어딘가에 몹시 중요한 것을 두고 간 사람을 부르듯, 나를 부르는 것 같다. 먼 저녁 하늘이. 그보다 더 먼 당신이.

꽃비

서풍은 자꾸자꾸
혼을 실어와
흰 꽃에 내려놓네

꽃 보내는 마음 꽃 맞는 마음보다 깊은 이유
꽃비 맞으니 알겠네

시작 노트 *

올해도 어김없이 벚꽃이 지는 나무 아래서 나는 두보의 시를 떠올린다. 대학시절 고전문학 수업시간에 교수님은 창밖에만 시선을 돌리는 우리에게 문득 시 한 구절을 읊어주셨다. 절정을 넘긴 벚꽃이 바람에 날려 강의실 책상 위로 자꾸 내려앉는 때였다.

꽃잎 하나 떨어져도 봄빛이 줄거늘
수만 꽃잎 흩날리니 슬픔 어이 견디리

순간 우리는 모두 짧은 탄성과 함께 숨을 멈췄다. 중년의 교수님도 젊은 우리도 한참 동안 말없이 흩날리는 벚꽃과 자신만의 감성에 빠져 아득해졌다. 가진 것도 없고 겁마저 없었으며, 아직 사랑을 몰랐던 나이였으니 나는 아름다움만을 감탄했을 것이다. 찬란함 안에 깃든 덧없음은 알아볼 수 없을 만큼 어렸으므로. 그래도 그 시간은 내 인생의 아름다운 장면 중 하나로 남았다. 제목도 원문도 모르고 어쩌면 두보의 시가 맞는지조차 확실하지 않지만, 지금까지 두 문장을 품고 있었을 정도로 인상적인 순간이었다. 그날 이후로 벚꽃은 결코 함부로 지지 않았다. 사랑을 앓은 후로는 낙화의 시간을 다 지켜주어야 할 것 같은 쓸쓸한 사명감마저 생겼다.

벚꽃이 지는 풍경을 아무 느낌도 없이 바라보고 견딜 만큼 무정한 가슴은 많지 않을 것이다. 그래서 벚꽃이 지는 날은 사랑이 아니면 별 수가 없는 날. 사람들 안의 당신들이 다 불려나오는 날인지도 모른다. 이토록 몽환적인 풍경에 맞설 게 사랑 아니면 무엇이겠는가. 헤어져도 그대로 남아 있는 사람의 눈빛이란 분명 이런 것일 터이다.

    그립고 애틋한 것이 다 흩날릴 때까지 나는 되돌릴 수 없이, 멈출 수도 없이, 어쩔 도리 없이 지는 꽃을 맞는다. 마음 속 당신과 함께. 또 한 번의 봄을.

울다가 우연히 내 쪽을 바라본 사람에게

말없이 보내는 따뜻한 눈빛 같은 것,

냇물에 반쯤 잠긴 조약돌처럼 말간 너의 표정 같은 것,

혹 어쩌다 당첨된 오천 원짜리 복권 같은 것,

꽃이 진 봄날에는 이런 것이라도 있어야 한다.

뒤의 초상 2

당신의 등이
아픔을 막는 경계라는 것을
시간을 담은 공간이라는 것을
어떻게 모를 수 있나

시작 노트

부모님의 뒤를 멀찍이 따라가며 사진 한 장을 찍었다. 아직은 지팡이에 의지할 만큼 노쇠한 몸은 아니지만 점점 가라앉는 어깨와 짧아진 보폭은 세월을 고스란히 담고 있었다. 어느새, 라는 말만으로는 다 설명할 수 없는 무상함과 복잡한 심정을 누르며 뒤를 따라갔다.

나이 든 두 사람이 나란히 걸어가는 뒷모습은 유독 애틋하고 아름답게 보인다. 등이 굽어가는 모양과 각도마저 비슷해지고 서로의 보폭은 몸이 알고 있다. 팔짱을 끼거나 손을 잡았다면 더욱 아름다운 그 광경은 말보다 가슴이 먼저 시리게 느끼곤 한다. 그들은 분명 수십 년을 그렇게 지냈을 터이지만 남은 시간도 꼭 그렇게 보낼 것이라는 굳은 약속이 읽히기 때문이다. 그리고 무엇보다 두 사람 사이에는 함께 지나온 시간에 대한 감사가 있다. 삶의 수많은 어려움을 같이 넘겨준 것에 대해, 표류하지 않도록 서로의 닻이 되어 준 것에

대해, 굽은 등의 주인에게 경의를 표하는 마음이 있는 것이다. 지속되는 것과 흘러가는 것 사이에서 꼭 붙잡고 있어야 할 것이 무엇인지 더 이상 고민할 필요가 없는 사람의 평온함까지. 그들은 육체가 시들 때의 슬픔 같은 건 넘어선 채, '이만하면 좋다' 싶은 순간을 뒷모습으로 보여준다. 세상에서 가장 오래 걸리는 것은 사랑하는 방법을 배우는 일이라는데, 그 방법을 서로에게 배우면서 같이 늙어간다는 것은 선물이라고 해야 마땅할 듯하다.

    인생의 뒷모습이 보여주는 모든 것을 알 수 없듯이 뒷모습이 감추는 모든 것 또한 알 수 없어도, 단 하나의 사실만은 누구라도 안다. 가족이라는 복잡한 울타리를 지킨 두 사람의 등이 얼마나 크고 단단한 것인지를. 무언가를 바라보기만 하는데도 온몸의 힘이 필요할 일이 있다면 바로 늙어가는 부모님의 등을 볼 때라는 것을 알게 된 날이었다.

빗물에 뜬 봄

꽃잎에 빗물의 무늬가 드는 것인지
빗물에 꽃향기가 드는 것인지

다시 한 번 더
봄이 핀다

어느 누가 봄이 너무 많다고 겁을 내랴

시작 노트

    빗방울이 떨어지고 있다. 개나리 울타리 위로, 어린 모과나무 가지로, 새로 돋는 잎사귀 사이로, 잔디밭으로. 너무 가늘지도 너무 세차지도 않은 비가 오고 있다. 비 구경을 하기에 딱 좋은 비이다. 이런 비는 빗소리도 정다워서 마치 엄마가 골목 끝에서 저녁 먹으라고 부르는 목소리처럼 귀에 가득히 담긴다.
    하늘에서 떨어지는 빗방울은 똑같지만 빗방울이 찾아가 앉는 자리가 어디냐에 따라 다른 소리가 난다. 가지가 아무렇게나 뒤엉킨 개나리 울타리 위에 앉는 빗방울과 만개한 꽃에 부드럽게 엉덩이를 내려놓는 빗방울 소리는 다르다. 똑, 똑, 똑. 눈물이 떨어지는 소리처럼 그 조용한 빗방울 소리를 들으려고 걸음을 멈춘 곳에 빗물에 뜬 꽃잎이 마음을 흔든다. 그러고 보니 이런 기분이었겠구나 하는, 희미한 그리움 같은 것이 빗물 위에 어른거린다.
    비에 떨어진 꽃잎들이 주차된 차들의 유리창을 뒤덮고 하수구를 막고 물에 비친 나뭇가지에 붙어 다시 한 번 더 피어난다. 빗방울의 파문에 형태도 순서도 없이 재빨리 흩어졌다가 다시 모이는 꽃잎들. 그것이 전부인 발 아래의 작은 풍경을 바라보고 있으면 명상을 하는 수도승처럼 맥박이 느려지고 차분해진다. 내 마음이 지치지 않고 편애하는 것이 있다면 바로 이처럼 무심하고 고요한 풍경이라는 생각이 들었다.
    살아가는 일은 어차피 군데군데 서글퍼서 조그만 웅덩이에 둥둥 떠다니는 꽃잎이 나의 하루에 중요한 사건이 될 수도 있는 날. 봄비 내리는 날에는 그저 풍경에 순종할 일이다.

날씨가 전하는 당신

그대는 구름으로 언약을 하고
바람으로 방향을 일러준다
눈과 비를 앞세우고 나를 찾아온다

말로 하기에는 너무 간절해서
노래로 부르기엔 너무 쓸쓸해서

시작 노트 *

구름과 바람과 비와 눈, 햇살과 안개와 먼지까지 날씨는 풍경에 아로새겨지고 우리의 감정을 만든다. 하늘이 너무 맑아서, 바람이 너무 상쾌해서, 안개가 너무 짙어서, 눈이 내리거나 혹은 비가 와서 마음이 변하고 기분이 달라진다. 날씨는 형태가 없으므로 포착하기 어려운데도 비물질적인 부분, 우리의 감정이나 정신과 결합하는 힘 때문에 자주 신성시되기도 한다.

특히 늘 그 자리를 지키되 항상 모습이 다른 구름은 그 변화를 멈추지 않으므로 언제나 나의 눈길을 끈다. 현실적이지만 영원하지 않고 분명히 존재하지만 언제나 그저 스쳐가는 존재여서 오랜 시간 바라보고 있어도 지루해지지 않는다. 눈으로 구름을 지켜보며 그 넘실거리는 모양을 기록한다. 구름이 어느 쪽으로 갈 것인지 모양은 어떻게 바꿀 것인지 알아맞혀 보려고 애를 쓴다. 그러다 간혹 구름이 보여주는 아주 간단한 암시를 발견하면 나의 상상력은 끝도 없이 펼쳐지고 만다. 그래서 구름은 하늘을 무대로 공연하는 예술가 같다고, 구름을 한참 좋아했던 어린 시절에는 생각하곤 했다.

그 후로 언젠가, 높이 떠 있는 구름은 나와 잘 맞는다고 그가 말했다. 부드럽고 가벼운 해방감과도 같은 구름을 보고 있으면 내 생각이 난다고 했다. 땅보다 큰 하늘에 나를 구름처럼 풀어놓아 주고 싶다고. 그 말을 들으면서 나는 뭉게구름이 되었다가 양털구름이 되었다가 이름을 아는 온갖 구름이 되었었다. 누구든 간에 파란 하늘과 흰 구름을 목 아프도록 올려다본다면, 그 순간 마음속에 그리움이 생기지 않을 수 없을 것이다. 구름에 마음을 풀어두면 그게 편지라는 믿음이 생겨도 이상하지 않으니까.

오늘은 그런 구름들이 한쪽으로만 몰려갔다. 마치 누군가 부르는 소리를 듣고 달려가는 듯이 보였다. 어제는 구름 대신 바람이 꽃잎을 날리고 창문을 두드렸고 내일은 또 무엇이 어떤 모습으로 나를 찾아올 것인가. 그러니 믿어도 되지 않겠나. 이 풍경은 바로 그대의 안부이고 그대의 부름이라는 것을. 빗방울과 눈송이로 보내는 그대의 목소리라는 것을. 날씨처럼 풀리길 바라는 마음이 있을 때, 더 부드러워지는 햇살은 당신의 눈빛이라는 것을. 말과 노래로는 전할 길 없을 만큼 크고 깊은 마음이라서 하늘과 자연에게 부탁했을 거라고. 다만, 당신의 마음은 날씨처럼 예보할 수 없어서 나는 매일매일 숨이 찬다.

。
바람에 봄꽃 지면 쓸쓸하다고

긴 비에 마음 흠뻑 젖어 먹먹하다고

한없이 얇고 투명해진 햇살 나오면 담아 보내는

그 서투른 너의 손길

언젠간 이 기억들 때문에 나는 울게 될 것이다.

두 개의 침묵

풀 수 없는 삶의 수수께끼들
찢기고 긁힌 심장의 상처들

아무리 물어봐도
신도 우주도 대답이 없다

멀리서 바라보면 모든 것이 먼지여서일까

시작 노트

　내일 일어날 일에 대한 끊임없는 걱정부터 도둑맞은 영혼까지, 내가 걸려 넘어진 수많은 질문에 답을 해주는 이가 없다. 인생은 물음을 던지는 것만큼만 살아진다고 말한 현자(賢者)도 있던데, 물음에 답을 해주는 이를 만나질 못해도 의문만으로도 그만큼 더 살아지는 것일까. 어두운 밤을 밝히는 교회의 십자가와 밝은 달 아래서 나는 또 묻는다. 삶의 가장 큰 문제는 바로 어떻게 인간들 사이를 무사히 지나가느냐 하는 것이라고. 끝없이 헛돌아가는 나사못처럼 사람들 속에서 헛돌지 않으려면 어떻게 해야 하느냐고. 그전에 무슨 일이 있었든, 그 이후에 무슨 일이 생기든, 지금 이 순간을 지내라는 대답 말고 다른 말을 듣고 싶으면 누구에게 물어야 하는가. 신은 신대로 우주는 우주대로 침묵할 뿐. 범접하기 힘들 정도로 무심한 풍경은 여전히 말이 없다. 세상도 신도 내가 정말로 궁금해 하는 것은 가르쳐주지 않는다.

　나도 안다. 신이나 우주의 눈으로 보았을 때 나의 질문은 사소한 욕망이고, 가벼운 엄살이며 삶에 대한 낭만적인 소망일뿐이라는 것을. 게다가 삶의 의문은 다른 사람이 가져다주는 해답으로는 풀리지 않는다는 것까지도 안다. 그래도 저마다 자기가 진실이라고 믿는 것을 위해 이토록 애쓰고 있을 땐, 제자리에 찍힌 마침표 같은 한 마디 응답이 있으면 좋겠다.

우화(羽化)

몸에서 나와 다른 몸이 되는 것은
피와 섞인 어둠을 벗는 일
어둠속의 영혼을 깨우는 일

또 한 번 가벼워질 수 있을 만큼
또 한 번 살아낼 수 있을 만큼

시작 노트

　　내가 사는 곳은 해마다 여름이면 벚나무에 붙은 매미 소리가 자동차 소리를 누를 만큼 큰 곳이다. 어느 해인가 신문기사에서 읽은 바로는 바로 우리 동네가 서울에서 가장 매미가 많은 곳이라고도 했다. 그러니 여름이면 아침부터 밤중까지 매미 울음으로 가득 찰 수밖에 없다. 수령 높은 나무마다 매미 껍데기가 다닥다닥 붙은 모습은 겨울에 눈이 쌓인 것만큼이나 예사로운 풍경이다. 그래도 우화한 매미들을 볼 때면 한 번쯤 삶이라는 것을 되짚게 된다.

　　누구나 익히 알듯이 매미는 7년이라는 긴 시간의 땅 속 어둠을 견디고서야 겨우 햇살로 나온다. 그러고는 탈피를 위해 나무에 기어오르는 것이다. 도중에 새나 개미들의 먹잇감이 되고 마는 경우도 있지만, 안전한 나무까지 올라간 매미들은 우화를 시작한다. 실제로 본 적은 없지만 그 과정 또한 매미에게는 힘겨운 일이라고 한다. 중간 중

간 숨을 고르고, 몸을 말리고, 힘을 다시 가다듬어 온 몸을 껍질 밖으로 빼내야 하는 것이라고. 어려운 일들을 다 마치고 마침내 새로운 하루를 시작한 매미들은 날개를 펴고 짧은 생을 위해 비상한다. 그리고 힘차게 힘차게 세레나데를 부른다.

    유충에서 성충이 되는 일의 지난함이란 곤충만의 어려움이겠는가. 그리고 몸만 자랐다고 어른이라고 할 수 있겠는가. 누구에게나 7년간의 어둠에 견줄 인고의 시간이 필요한 것이겠구나 싶은 생각이 매미 껍데기를 보면 저절로 든다. 내가 매미나 잡초와는 다른 방식으로 생겨난 특별한 존재라는 생각이 사라지고, 주어진 대로 주어진 만큼만 섭리를 따르는 모든 삶에 경의를 보내게 된다. 어쩌면 이것이 내 생각의 작은 우화인지도 모르겠다. 해마다 조금씩 내 욕망이 가벼워지도록 만들어 주는 매미들의 짧은 이야기.

기이한 밤

우리는 태어나기 전에 이미 한 번 만났던가
그대와 나
아무도 허락하지 않는 혼례의 날을
달과 벚꽃 사이에서 보냈던가

사랑보다 지독한 봄의 밤, 피면서 지워진다

시작 노트

    달이 뜨고 벚꽃이 절정일 때는 다른 별에 온 느낌이 든다. 잠시 고단함을 잊도록 이 세상을 바꾸어주는 신의 손길 같이 느껴지기도 한다. 그래서 이런 풍경은 정신을 잃을 만큼 매혹적이어서 '빨리 사라지고 마는 지독한 기쁨'이라는 사랑도 다시 해보고 싶어진다. 아니 금지된 사랑마저도 가능할 듯싶도록 마음을 열어젖혀준다. 풍경 자체가 이미 유혹의 손길이다.

    이 풍경 속에서 그대를 떠올리지 않는다면 누굴 생각하겠는가. 어떤 화살보다 빠르게 내 품으로 날아오던 그대를. 그런 그대와 함께 있으면 비로소 내 인생이 나에게 돌아온 느낌이 들고 우리는 전생을 한 번 나누었다고 믿게 되는데. 그대가 있는 한 나는 이 땅의 고아가 아닌데. 나는 꽃송이 같은 그대를 끊임없이 만들어내고 또 만들어낸다. 이런 날 세상은 신 없이도 가득 차 있다.

    낮이건 밤이건 벚꽃 아래는 매번 환각적이다. 낮 동안의 상상도 밤 동안의 꿈도 달과 벚꽃 사이에서는 모두 현실이 될 것만 같은 착각이 든다. 아름다운 비밀이 꽃처럼 터져 모든 것이 순간이고 모든 것이 영원같이 느껴진다. 자연이 시적인 상태로 있는 시간. 피면서 지워가는 사랑의 밤이다.

눈길에서 삶을 읽다

그늘과 양지
왼발과 오른발 사이에

햇살이면서 눈물
바람이면서 세월인 것들

어째서 이렇게 슬프도록 경건한가

시작 노트

숫눈길이었다. 첫눈이라는 반가움 때문에 사람뿐 아니라 새나 고양이도 아직 지나가지 않은 곳을 골라 발을 디뎠다. 떠오르는 아침 해에 벽의 그늘이 반쯤 드리워졌고 햇살이 먼저 든 쪽은 흰빛이 눈부셨다. 그런데 왜 그 순간 나는 따라오다 잃어버릴 걱정을 해야 할 어린 아이도 없는데 문득 뒤를 돌아다보았을까. 등 뒤에 찍힌 내 발자국이 만든 깊이가 왜 그렇게 애잔하게 보였을까. 무릎까지 빠지는 큰 눈이 아닌데도 순간 내 눈에는 움푹 파인 듯 보인 건 착각이고 환시였겠지만, 그때는 정말 깊어 보였다. 내 왼발과 오른발 사이의 간격은 적당히 가까웠는데도 한 발이 나간 거리는 얼마나 먼가 싶었다.

가던 길을 멈추고 단순한 풍경을 한참 바라보았다. 눈을 밟으려던 즐거운 마음은 가라앉고 내가 걸어온 발걸음 사이에 얼마나 많은 것들이 눈송이처럼 쌓여있을까 생각했다. 보이지 않아도 내 몸과 기억에 차곡차곡 쌓이는 시간의 길을 걸어가는 동안, 나의 잰걸음이 질주보다 더 지치는 날은 또 얼마나 많은지 헤아려보았다. 손에 쥔 한 줌의 문장을 위해 나는 무엇을 포기하고 있으며, 시시껄렁한 농담과 터무니없는 비관과 결론 없는 불안에 얼마나 자주 비틀거려야 했는지도. 어둠이 절반이고 빛이 절반인 세상에서 나는 어디쯤 서 있는 걸까. 세계가 갈라져도 변함없는 삶의 중력을 나는 우연히 눈길 위에서 읽었다.

멀어지는 사람들

눈 코 입 손발 다 지우고
이름과 목소리도 몸이 되어 실루엣만 남은 사람

보지 못해도 걷지 못해도 어디로 가는가

아무리 멀어도 꿈이라면 닿으려나
아무리 지워도 꿈이라면 보이려나

시작 노트 *

    이 조각 작품을 만든 작가의 의도와 작품이 말하고자 하는 바와는 아무 상관없이 나는 그저 거대한 실루엣에 매혹 당했다. 너른 들판에 우뚝 선 거인상들은 위협이라고는 전혀 없는 모습이었다. 어디서든 보이도록 커다래진 몸이지만 얼굴과 손발이 지워진 채 둥글어져가는 형체가 오히려 연민을 느끼게 했다. 더 희한한 것은 육중한 몸뚱이에도 불구하고 무중력의 분위기가 감도는 것이었다. 그건 소용없어진 이름과 목소리를 뭉뚱그려 몸이 되게 하고, 사랑이라고 부르지 못한 마음은 녹아 찾을 수 없게 되어서 그런 건 아닌가 싶었다. 그런데도 저 거인들은 어디로 가려고 몸을 점점 더 일으켜 세워서 멀어지고 있는 걸까. 저렇게 다 지우고 실루엣만 남으면 슬픔은 슬픔 아닌 것이 될 수 있을까. 바라볼수록 해독할 수 없는 은유처럼 궁금증만 늘어났다.
    평생 한 사람에게 일어나는 일들을 잊지 않고 차곡차곡 쌓으면 우리도 모두 저만큼 큰 거인이 될지 모른다. 또 감정의 무게와 색이 하나도 사라지지 않고 짙어지면 저런 모습이 될 것만 같다. 그래서 바람도 곁에서 걸음을 지탱해주는 거인상들의 맨 마지막 자리에 나를 세워본다. 내 삶의 그늘을 짚어보면 나도 가지 말아야 할 곳이 꼭 가야할 곳이었으므로. 눈 코 입 팔 다리 다 지워도 마음이 찾아가는 그곳이 나의 소실점일 테니. 형체는 더 황량해지면서 마음은 더 섬세해지는 사람들을 따라 어딘가로 멀어져간다.

사랑한다면 이들처럼

사랑이 완성되면서 사라지는 이 순간

나의 숨결은 네 심장에
너의 기억은 내 가슴에

천국이 허락한 모든 것
나누어 가지리

시작 노트 *

    커다란 전신주 꼭대기의 거미줄에 잠자리 두 마리가 걸려 있었다. 내 손이 닿을 수도 없을 만큼 높은 곳, 나뭇가지를 주워 거미줄을 걷어주려 해도 닿지 않을 만큼 높은 곳이었다. 어떤 상태인지 눈으로는 가늠이 되지 않아 카메라 렌즈를 한껏 당겨서 보았다. 전신주와 가느다란 거미줄 끝이 지워진 사진의 모습은 마치 두 마리의 잠자리가 혼인비행을 하는 듯 보이기도 했다. 희미한 바람결에도 한껏 흔들리며 공중 그네를 타는 듯도 했다. 하지만 그들은 마지막 시간을 함께 하는 애처로운 생명들이었다. 서로가 세상의 전부인 존재들이었다.

    중력과 무중력이 공존하는 것 같은 허공에서 오직 서로를 의지하고 있는 잠자리 두 마리. 생명에 대한 애정을 가지고, 그들의 운명을 누르는 죽음의 무게보다도 더 강한 힘으로 서로를 붙들고 있는 연인들. 사랑이라고 말하지 않아도 사랑일 수밖에 없는 저 모습. 말 못하는 입술을 가진 두 생명은 무엇을 나누고 있을까. 서로가 꼭 껴안은 그 존재 뒤에는 오직 공허밖에 없다는 것을 알고 있을까. 남은 시간이 얼마인지 모르지만 손처럼 느낄 수 있는 날개를 서로 붙인 채 두려움과 슬픔을 견디고 있는 것 같았다. 만약 저런 순간이 온다면 나는 어쩔 것인가. 죽음 저편까지 따라갈 수 있는 사랑일까.

    가던 걸음을 멈추고 목이 아프게 하늘을 올려다보았다. 생명 있는 모든 것에게 죽음이란 자연의 섭리라고는 해도 만약 다른 우주가 있다면 그곳에서 더욱 사랑하기를 마음으로 바랐다. 이제는 우연히라도 만나지 못할 운명이 된 존재를 위해, 그 자리에서 내가 할 수 있는 일은 고작 저들의 영혼을 신께 부탁하는 일 뿐이었으므로.

버려지다

작은 텔레비전이 받치던 마음은 얼마나 무거운지
하루를 바꾸기가 얼마나 목메는 일인지

눈물로 잎이 젖은 나무
삶에 뜨겁게 달궈진 것들
좁은 골목길에서 아우성이다

시작 노트 *

  이만큼 지나고 뒤돌아보니 인생은 여러 단계로 나눠지는 것 같다. 한 길로 죽 걸어온 것 같지만 한 단계, 한 단계씩 오른 계단이었는지도 모른다는 생각도 든다. 그렇게 한 단계를 끝내고 다음 단계로 넘어갈 때, 버리는 것들이 생겨난다. 후회한 일들, 실패한 일들, 상처 입은 마음과 고독의 시간들과 작별하기도 하고 삶의 한때를 같이 한 적잖은 물건들과 헤어지기도 한다. 그 자리에 남겨놓고 떠나가거나 내 손으로 직접 내다버리거나 작은 돈으로 바꿔 새것을 사는 데 보태는 것이다.
  골목 끝에 누군가 버리고 간 세간살이들이 놓여 있다. 재건축 바람이 불고 있는 골목을 떠나간 이들이 남겨놓은 삶의 흔적들이다.

삶에 뜨겁게 달궈진 냄새가 나는 것들이다. 깨지고 뒤틀린 빈 바구니와 구형 선풍기, 과연 화면이 나올까 궁금한 브라운관 텔레비전도 있다. 누추하고 보잘 것 없는 곳에서 그보다 더 가여운 나를 지켜주었던 것들. 법석을 떨어가며 살아가는 일상이 고스란히 나와 앉았다.

    사람들이 떠나갈수록 골목에는 소소하고 은밀한 삶이 짙게 밴 물건들이 더 많이 쌓여갈 것이다. 그것들은 세상을 살아가는 일의 한없는 남루를 감추지 않고 보여줄 것이다. 이처럼 하나의 물건이 우리의 삶을 얼마나 고집스럽게 증명하는지 볼 때마다 사물의 뒤에 숨겨놓은 우리의 모습에 자꾸 놀라게 된다.

이웃집 고양이

자기들만의 비밀을 사는 그를 무엇이라 부를까
봄의 행방을 좇으니 과객이라 부를까
달밤에 꽃을 따라가니 낭만이라 할까

시인과 고양이
우리는 외로운 공모자들

시작 노트

　솔직히 고백하자면 나는 아파트 복도를 나란히 쓰는 옆집의 가족이 몇 명인지 정확히 모른다. 그 집 아이의 이름은 당연히 모르고 어느 학교에 다니는지도 모른다. 승강기에서 목례를 나누는 것 이상을 해 본 적이 없다. 강아지 한 마리가 여전히 내 걸음소리를 기억하지 못하고 오갈 때마다 짖어서 동물가족이 있다는 정도를 짐작하고 있다. 그러한 사정이니 옆집의 옆집에 새로 이사 온 사람들의 구성원이 어떤지는 당연히 궁금하지 않을 뿐 아니라, 그것을 알려면 탐정의 도움이 필요할 정도로 익명의 공간에 살고 있는 것이다.

　간혹 아파트 복도를 걸어들어 올 때면, 이것은 골목길이 될 수도 있는 것 아닌가하는 생각을 한다. 어릴 적 골목길마냥 아이들이 딱지치기를 하고 아이를 데리러 나온 엄마들이 저녁 찬거리를 걱정하는 그런 골목길. 어느 아파트에서는 그런 풍경도 있을 테지만, 내가 사는 곳은 이웃집이 없는 곳이다.

　그러다 아파트 뒷 화단에 늘어선 집 3채를 발견하고 호기심이 생겼다. 길고양이를 돌보는 마음씨 지극한 분이 지어놓은 집인 듯했다. 궁궐 같은 집은 아니지만 벽과 지붕이 있는 보금자리였다. 산책을 하거나 시장을 오가며 그 집에 사는 이들이 누군지 가만히 살피곤 했다. 고양이를 좋아한다곤 말하지 못하겠지만, 집을 얻은 운 좋은 녀석들이 누군지 궁금했고 가족들이 많은지 알고 싶었다. 검은 얼룩무늬의 고양이가 자주 보이는 것으로 보아 3집 중 한 곳에서 사는 것 같았다. 뚱뚱하던 배가 홀쭉해진 봄에는 새끼 몇 마리가 꽃그늘 아래 숨어 있기도 했다.

관심이 있다는 것을 고양이도 알았는지 벚꽃이 한창이던 날, 벚꽃나무 아래서 정면으로 마주쳤을 땐 고양이도 나도 걸음을 멈추고 한참을 쳐다본 적도 있었다. 열댓 걸음쯤 떨어진 채 서로 눈길을 돌리지 않고 바라보았다. 가진 언어가 달랐어도 그때 우리는 대화를 했다는 기분이 들었다. 나를 보고 앉은 그 자태가 자신 있고 우아해서 사진 한 장만 찍을게, 라고 말하며 핸드폰으로 급히 사진을 찍는 동안 포즈를 취해주었다. 너도 참 나만큼 외롭구나, 라는 말을 들은 것처럼 알 수 없는 연대감 같은 게 느껴졌다고 할까. 벚꽃 아래에서의 만남은 겉치레만으로 나누는 인사와는 다른 것이었다. 누군가의 삶을 걱정하는 마음 같은 게 있었으니까.

시인과 고양이, 그 순간 우린 외로운 공모자였다. 무엇보다 우리는 풍경 속의 한 부분이 되면서도 계속해서 아웃사이더였던 것이다. 운이 좋다면 앞으로 우리는 꽃철을 통과하고 여름 지나 가을을 누리고 흰눈을 구경하다가 다시 꽃 피는 것을 몇 번이고 같이 볼 수 있을 거다. 그러니 가끔 눈인사라도 나눌 수 있길 바라본다. 안녕! 친구.

슬픔의 방향

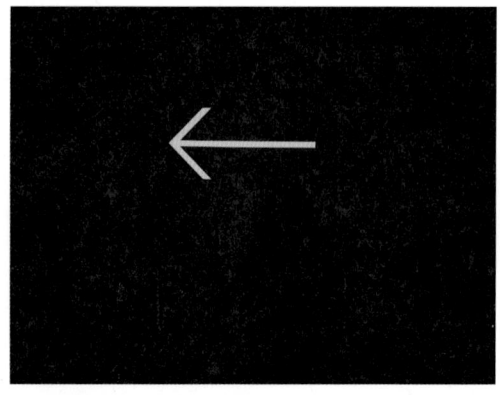

떠날 수는 있어도 돌아올 수는 없는 곳
새들도 감히 가려하지 않는
그 길을 갔으니

나는 다시 배워야 하리
네가 없는 텅 빈 세상을 보는 법을

시작 노트

　너와 함께 갔던 마지막 장소에서 우리는 이 화살표를 따라 같이 걸었다. 우리들 사이에 운명이 그려놓은 한 줄기 빛. 그게 슬픔의 방향이 될 줄 그때는 몰랐다. 너는 내게 마지막 인사를 말하고 있었는데 나는 몰랐다. 우주에서 가장 전하기 어려운 소식을 내게 보내리라고는 생각지도 못했다. 나는 영원히 회복하지 못할 것을 잃었고 마지막 유품처럼 화살표만 남았다.

　내 일생에는 네가 더 이상 존재하지 않는, 얼마나 많은 밤들이 남아 있는가. 그 모든 밤들은 하나씩의 상처가 되어 너를 기억하게 할 것이다. 그러니 도대체 얼마나 많은 날이 지나야 가슴이 겨우 두 배쯤만 아프게 될지 나는 알 길이 없다. 다만 내 슬픔은 너를 사랑했기에 치러야 하는 계산서 같은 것이라고만 생각할 뿐이다.

　세상에는 스쳐가고 다시 만나지 못한, 떠나서 돌아오지 않는 사람들로 가득하다. 온통 슬픔의 방향만 무성하다.

어떤 첫눈

몸을 식혀 가장 차가운 가슴으로
눈송이를 품었다

다른 도리가 없는 마음
지상의 하룻밤이라도
녹지 말고 그리워하라고

시작 노트

    땅에 떨어진 낙엽들이 물기를 잃어가고 작은 바람결에도 부서지기 시작하면 자꾸 하늘을 올려다본다. 날이 조금만 흐려도, 구름이 몰려들어도 가슴이 설레며 혹시 오늘 첫눈이 오지 않을까 싶어 마음속으로 준비를 한다. 너무 오래되어 잊은 약속은 없는지 기억을 뒤져 보고, 또 제일 먼저 소식을 전하고 싶은 이를 떠올려 보는 것이다. 지난여름에 물들인 봉숭아 꽃물은 얼마나 남았는지도 꼭 살펴보는 일 중 하나이다. 첫눈이 올 때까지 봉숭아 꽃물이 남으면 첫사랑이 이루어진다는 마법의 주문을 확인하던, 그 오래전의 설렘을 다 잊고 싶진 않아서이다.

    해마다 내리는 첫눈이지만 왜 첫눈은 이렇게 떨림을 가득 담고 있는 것일까. 사람들을 서둘러 만나게 하고 그리움을 전하게 하는 첫눈. 눈송이 눈송이마다 추억의 공간을 하나씩 담고 있는 듯한 그런 첫눈을 어김없이 기다린다.

    아침에 눈을 뜨니 어느 해보다 이른 첫눈이 왔다는데, 보이지 않았다. 설마 뉴스가 거짓말을 했을까마는 내 눈에 보이지 않는 첫눈은 첫눈이 아니라고 우기려던 찰나. 무식한 나의 눈에는 커다란 토란잎으로 보이는 잎사귀에 눈송이가 조금 담긴 것이 보였다. 주변을 두리번거려도 어디 한 곳 눈이 남은 곳이 없는데, 어쩌자고 몸을 식혀 이파리에 눈을 품고 있었는지. 첫눈 오면 만나자던 연인의 약속처럼 어쩌면 이 식물도 첫눈을 기다려야 하는 비밀한 마음이 있었을까. 아니면 찰나같이 사라지는 첫눈에게 이 지상의 시간을 더 마련해주고 싶었던 걸까. 첫눈을 위해 저 식물은 가장 차가운 심장으로 하룻밤을 보냈을 것 같았다. 눈송이가 제 모습을 간직하기엔 아직 따뜻한 공기 때문에 잎사귀의 눈도 녹아들고 있었지만, 밤새 첫눈을 지킨 이 풍경이 소복한 함박눈의 첫눈보다 더 아름다웠다.

너무 빨리 오거나 너무 늦게 오곤 했다.

너무 쉽게 사라지거나 너무 무겁게 남아 있곤 했다.

원하는 대로 오지 않는 첫눈처럼

인생에는 바라는 대로 되지 않는 일이 너무 많다.

그런데도 내가 의지하는 건

결국 또

언제 녹고 언제 떠나고 바뀔지 모르는

첫눈 같은 너의 마음 뿐.

불꽃

사랑처럼
단 한 순간
불타는 것이 당신이라서
이토록 아름다운가

시작 노트*

　어떻게 막아볼 길 없도록 이미 시작되는 것이 있다. 사랑이 그랬다. 아인슈타인도 사랑에 빠지는 건 마치 중력처럼 책임을 물을 수 없는 것이라고 했잖은가. 나는 가끔 우리가 서로를 향해 돌진하는 우주의 별이었다면 분명 우리 둘 중 하나는, 어쩌면 우리 둘 다, 깨지고 부서져서 어둠속의 먼지가 되고 말았을 것이라는 상상을 한다. 아니 실은 마음은 벌써 그렇게 충돌하고 불타올랐었다. 뜨거운 열과 속도로 거침없이 나아가는 그 불꽃을 견디느라 뼈가 타고 몸이 아팠다. 누군가 옆에서 그런 사랑은 금방 끝날 거라고, 어쩌면 미혹된 열정인지도 모른다고 훈수를 두어도 나는 가차 없는 힘을 가진 것만이 사랑이라고 믿었던 때가 있었다. 그리고 아직도 사랑은 열렬하고 멋지고 기념비적인 한 순간이 반드시 있어야 한다고 생각하는 편이다. 불쏘시개나 인화물 없이도 순식간에 타오르는 불꽃처럼, 덧없는 것인 동시에 똑같이 재현할 수 없는 아름다운 한 순간이 꼭 필요하다.

　제아무리 강렬한 감정이라해도 얼마나 덧없이 식어버리고 사라지는지 몰라서가 아니다. 세상에 비길 데가 없는 지독한 사랑도, 역사에서도 전례가 없는 사랑도 끝난다는 사실을 안다. 그럼에도 사랑이라는 것을 믿고 싶은 건 당신을 만나기 전의 세계와 이후의 세계는 다른 것이 되기 때문이다. 아름다운 불꽃이 터졌던 그 순간을 경험했다면 "네 인생은 변하게 될 거야. 너는 나를 만난 적이 있으니까"라고 한 어느 작가의 말을 반박하지 못할 것이다. 사랑이 종종 소심하고 그보다 더 자주 고통이어도, 사랑이 아름다운 건 불타는 것이 바로 당신이기 때문이니까. 무엇보다 불꽃놀이가 끝나면 더 짙은 어둠속으로 돌아가야 한다는 것도 사랑과 무척 닮았다는 생각이 든다. 어쨌거나 아름다운 것들의 흔적은 아름다움만큼 허전하고 무겁다.

풍장(風葬)

살아있다는 건 결국 우는 일인가
울음이 멎으면 한 생이 끝나는가

빈 몸만 남아 마르고 있는 시간
가벼워지는 영혼의 살 냄새

바람은 멈추지 않고 흐른다

시작 노트

　살아있던 몸의 깊은 곳에 가두어진 비린내가 바람에 마르고 있다. 더 깊은 곳에 있던 울음과 영혼마저 어딘가로 가고, 가벼워지고 가벼워져서 잠시나마 머물렀던 세계를 떠나 무(無)의 자리로 돌아가는 중이다. 변하는 것은 없다. 작은 생명의 죽음으로 삶이 바뀔 사람도 없고 계절이 바뀔 리도 없다. 태양은 그대로 떠오르고 어김없이 밤이 오고 지하철은 시간에 맞게 지나가고 꽃은 필 때를 기다린다. 그 순환 속에서 한 생명이 조용히 작별을 했다. 올 때와 마찬가지로 무엇 하나 바꿔놓지 않고 갔다.

　죽는 건 사는 것만큼이나 당연한 일이다. 내가 아는 한, 꽃도 지고 나무도 시들고 눈에 보이지 않는 곳에서도 매일 미물들이 사라진다. 죽음은 누구도 봐주지 않는다. 그러나 죽음이 신도 바꿀 수 없는 자연의 순리라고 해도, 그 몸에 다시는 생명이 깃들지 않으리라는 사실 앞에서 태연할 수 있는 사람은 없다. 내 앞에 죽음이 얼마나 가까이 다가와 있는지 아는 사람 또한 없다. 다만 따뜻한 눈길 속에서 평화로운 이별을 하고 싶다는 바람만큼은 모두가 똑같을 것이다. 문제는 삶처럼 죽음도 내가 원하는 대로 오지 않는다는 것이지만. 그래서 릴케도 각자에게 알맞은 죽음을 허락해달라고 신에게 기도문의 시를 썼던 것일 거다.

　우리는 살고 기억하고 잊고, 우리는 죽고 기억되고 잊힌다. 이것이 전부이다. 영광도 하잘 것 없고 꿈도 소용없다는 것을 가까운 이를 잃고 뼈저리게 알았고, 작은 생명들의 죽음을 우연히 만날 때마다 나 자신의 이해를 넘어서는 다른 세계와 윤회의 시간들을 생각해 본다. 나는 이제 삶의 계획 속에 나의 죽음도 포함시켜야 한다는 것을 안다. 그리고 또 삶의 시간은 길이의 문제가 아니라 깊이와 밀도의 문제일 거라는 당연한 결론에 다시 마음을 가다듬는다. 우주의 무한한 공허 속에서 생겨난 매미가 다시 우주를 떠도는 바람이 되는 시간을 잠시 곁에서 지켜주었다. 다시 돌아오지 않을 햇빛이 몸을 덮어주고 있었다.

。

만약 윤회의 사슬 속에서 다음 생에 대한

선택권이 내게 주어진다면 나는 무엇이 되고 싶다고 할까?

가장 멀리 날아다니는 한 마리 새,

먼 이국의 오솔길에 서 있는 사이프러스,

그 아래 조용히 피었다 지는 풀꽃 한 송이……

그 무엇을 생각해도 지금보다 훨씬 더 행복할 것 같지 않다.

여기 당신이 있는 이번 삶보다 안심이 될 것 같지가 않다.

밤의 틈으로

작은 불빛이 들어오고
너의 냄새가 들어오고
그날의 바람이 불어 들어오고
한때의 시간이 쏟아져 들어와서

내 심장에 틈이 생기고 밤이 나를 인화한다

시작 노트

그런 밤이 있다. 불을 끄고 가만히 누워 틈새로 들어오는 빛을 바라보는 밤. 마음속으로 편지를 쓰는데 문이 열리고 불빛이 왈칵 쏟아져 들어올까 봐 걱정하는 밤. 너와 나를 떼어놓고 생각할 수 없는 기막힌 밤. 이 세상 같지 않은 이 밤.

그런 밤이면 밤 냄새가 난다. 이 세상 온갖 종류의 어둠을 응축해 놓은 것 같은 어둠 속으로 낮에는 맡을 수 없는 내음이 들어온다. 하늘이 잉크처럼 새까만 시간에는 아늑함과 나른한 피로 같은 그리움이 함께 틈새를 비집고 밀려온다. 틈이 커지지 않아도 더 많은 것들이 어둠속으로 들어온다. 두 번째 어둠이 첫 번째 어둠을 감싸며 더욱 어두워지고 혼자 있는 밤으로 나는 유배된다.

그런 밤에는 결국 내 안의 어둠으로부터 나온 흑색이 밤을 더욱 짙게 한다. 어둠을 담요처럼 끌어당긴다. 친근한 우울이 나를 덮는다. 잠속으로 가뭇가뭇 잦아들 때까지 당신을 믿고 추락한다. 이런 밤이 지나 다시 똑같은 이 밤이 되어도 당신이 무사하다면 나의 밤도 꿈도 다 무사하리라 생각하면서……

첫 키스

그래 맞아
바로 이런 식으로 심장이 녹는 거야

이 순간
숨결보다 강한 폭발은 없어

시작 노트

    구스타프 클림트의 <키스>만큼 황홀한 시간을 나누고 있는 비둘기 한 쌍을 만났다. 그날따라 무슨 생각이었는지 8층 계단을 걸어서 내려오다가 창문 밖 난간에 앉은 비둘기의 연애를 목격하고 만 것이다. 깊은 밤 아파트 놀이터 벤치에서 꼭 붙어 있던 청춘의 연인들을 볼 때보다 더 놀라서 걸음을 멈췄다. 비둘기라는 생각보다 아름다운 연인들이라는 느낌이 더 강하게 들었다.

    낯선 타인이 특별한 타인이 되는 결정적 순간이 있다면, 그 시작은 키스가 아닐까싶다. 내 마음이 당신에게로 기우뚱 기울어지고 몸과 몸이 끌리고 달아오르는 피로 아득해지면서 당신과 내가 숨결을 나누는 일이니까. 누구에게도 함부로 입맞춤을 허락하지 않지만, 단 한 사람에게만은 그 모든 것을 해주고 내게도 해주길 바라는 것. 마침내 연인이 되는 것이다. 내가 그 사람에게 다 주어도 빼앗긴다는 기분이 들지 않을 때, 이런 것을 마침내 사랑이라고 부르게 되는 것이다.

    내려가던 걸음을 멈추고 훼살을 놓는 방해꾼이 되지 않으려고 숨소리도 죽이고 비둘기 연인들을 보았다. 처음 이 순간을 기억하려고 꼭 감은 두 눈, 가만히 붙여도 두근거리는 가슴, 비틀거릴까봐 시멘트 바닥을 꽉 움켜쥔 발가락에 둘만의 떨림이 생생하게 담겨 있는 듯했다. 신기하고 아름다운 광경이었다. 사람이든 동물이든 이 위험한 세상에서 서로를 끌어안는 사랑에 빠지고 그 사랑을 지키는 일. 그것이 바로 살면서 꼭 해야 하는 일이겠구나 싶었다.

슬픔이 사라지지 않고 깊어지는 것처럼

여행의 기억들도 그곳에서 멀어질수록 깊어진다.

여행의 기록

바람의 편지

나는 그리움과 불화하며 지내고 있습니다
다정하지도 무정하지도 않은 사람을 생각하느라
봄 여름 가을 겨울의 절반은 이해가 되지 않고
구름보다 더 오래 허공에 서 있습니다

당신은 잘 지내나요

시작 노트

오늘도 편지를 쓴다. 잘 지내나요,가 전부인 편지를 쓴다. 마음이 닿지 않았다면 아무런 연관도 의미도 없을 사소한 것들로 가득 찬 편지를 쓴다. 나는 별이 어떻게 태어났는가보다는 당신이 어떻게 하루를 보냈는가가 더 궁금하고, 우주의 암흑보다는 당신의 그늘이 항상 더 짙어 보이는 사람. 그래서 이 세상에서 나를 애틋하게 여겨주는 당신에게 내가 보낸 하루의 시간을 몇 조각 잘라 보낸다. 그 조각들을 다 붙이면 작은 웃음 하나가 만들어질 그런 편지를 쓴다. 함부로 그리워했다거나 목소리를 듣고 싶은 밤이 너무 많았다는 말은 하지 않고, 라일락이 피었는지 모과가 익었는지만 물어본다. 끝내 쓰지 못한 문장들은 바람이 거두어간다.

바람은 내 말들을 더 이상 품을 수 없는 때가 되면 넓은 해변에 풀어 놓는지, 바람이 가는 곳이면 어디든 여름에도 겨울에도 가지런한 문장들이 적혀있다. 누군가는 보고도 읽을 수 없고, 당신은 보지 못할 편지가 어딘가에는 늘 펼쳐져 있다. 앞 문장들이 먼지처럼 햇빛 속에 흩어지기를 기다리다가 바람이 또 한 줄 쓴다. 지나치게 명징한 말은 하지 않는다. 날이 선 피투성이 글도 쓰지 않는다. 그저 조용하고 평화롭고 고독하게 가만히 써 놓는다.

내가 무슨 일을 할 때든 마음속으로는 늘 당신과 함께 하고 있다는 것을 바람이 쓴 편지에서 읽어주면 좋겠다고 말했던 어느 해에는 마침내 짧은 편지가 왔다. 어떤 문장은 몇 초 만에 읽을 수는 있지만 그 뜻은 평생을 두고 해독해야 할 때도 있는 법이다. 무심 속에 열정을 숨긴 당신의 편지가 그랬다. 적지 않은 날을 살아왔어도 처음 겪는 당신이 거기 있었다.

당신의 편지를 받으면 금방 또 다른 편지가 받고 싶어져서 나는 또 편지를 쓴다. 바람이 내 눈물과 닮아간다.

한 여자에게 자유란

간절히 다가가려 했던 마음

한 여자에게 사랑이란

그립지 않다는 거짓말

포옹

독한 사람 냄새가 나지 않는 포근한 가슴

나는 얼마나 혼자가 되어 있기에
피가 돌지 않는 몸을 안고
마음을 녹이나

시작 노트

　제주도 올레길을 걸었다. 눈길이 끝나는 바다쯤까지 봄이 온 때였다. 햇살이 잘 드는 길가에는 작은 꽃들이 다투어 필만큼 섬의 계절은 빨랐다. 나는 오래전부터 어마어마한 하늘을 이고 며칠씩 걷고 싶은 소망이 있었다. 저 멀리 산티아고 순례길을 세상의 적막함과 마주한 채 여러 날 걸어보는 게 소원이었다. 그래서 올레길에 첫발을 내딛는 순간, 가슴이 뛰었다. 이렇게라도 나의 소망을 조금 풀 수 있겠구나 싶어서.

　오로지 나의 두 다리로만 목적지에 도달해야 하는 일은 낯선 체험이었다. 숨결의 무게가 느껴지는 호젓한 시간은 은총처럼 느껴졌다. 하루 종일 바다를 보고 하늘을 보고 오솔길을 걷다보니 머리는 점점 비어가고 눈은 가득 채워져 갔다. 길가에서 배낭을 벗어놓고 풍경을 음미하다가 돌연 한 그루 나무에 마음이 흔들리는 시간은 행복했다. 그러다가도 나에겐 여행지이지만 어떤 이에겐 삶의 터전인 곳들을 지날 때엔 잠시 떠나온 집이 떠오르기도 했다. 아마도 말까지 낯선 곳을 걷고 있다면 외롭겠구나 싶었고, 언제나 떠나는 일은 외로움과 동행이라는 생각도 들었다.

　걷는 일에 익숙하지 않은 다리가 점점 무거워지고 바다와 하늘의 풍경도 지루해질 쯤, 키가 큰 돌하르방이 불쑥 나타났다. 제주도이니 처음 본 돌하르방도 아닌데, 마중 나온 연인을 본 듯 반갑게 달려가서 그냥 안겨 버렸다. 돌하르방의 큰 손이라면 내 커다란 아픔도

다 감싸 안아줄 거라고 믿었던 것 같다. 타인의 고통을 보듬기에는 우리의 팔이 너무 짧기도 하니까 나는 저렇게 큰 가슴이 필요했던 거라고. 그렇게 심장과 심장을 맞대고 가만히 안고 있었다. 내가 여태껏 의지한 단 하나, 모질고 졸렬한 자존심도 버리고 단단한 품속에 나를 묻었다. 두 팔 사이의 가슴으로부터 온기가 나왔다. 꿈도 생시도 아닌 듯한 잠깐의 시간은 말할 수 없이 평온했다.

다시 남은 길을 타박타박 걸을 땐, 여행에서 찾고 싶었던 것과 떠나고 싶었던 삶의 이유들이 아득해져 있었다. 바다에는 해가 두어 걸음을 남겨두고 있었다.

노력했지만 실패한 적도 많았고 감당조차 못한 적도 있었다.

그 많은 낙담 속에서 소박하게나마

내가 한 일이라고는 멈추지 않았다는 것뿐이다.

그런 나를 가만히 안아주고 싶을 때가 있다.

거룩한 한 끼

긴 면발 같은 하루
매일 아픔 한 덩어리를 떼어내는
나를 사랑하려면
더 뜨거운 슬픔이 필요하네
거품 없는 진한 마음이 있어야 하네

시작 노트

　오키나와에는 인간의 피로한 냄새가 배어 있는 낡은 우동집이 있다. 구름이 조각조각 흩어져 헝클어진 하늘과 바다의 낯선 풍경을 달리다 들어간 곳. 간판이 있어도 읽지 못하는 여행객의 눈길을 끌만큼 역사를 가진 듯 보이는 곳이었다.

　낡은 나무문을 열자 훅 달려드는, 짭조름하고 달큰한 국물 냄새는 환영의 느낌마저 들었다. 그러나 내 소박한 감상과는 달리 늙은 주인은 미동도 없이 앉아 있었다. 두 테이블에 앉은 서너 명의 손님도 주인만큼 늙은 노인들이었다. 우리는 신발을 벗고 올라가는 탁자에 자리를 잡고 앉아서 주문을 받아주기를 기다렸으나 아무도 오지 않았다. 올 사람이라고 해봐야 계산대에 앉아서 조그만 텔레비전을 보는 주인뿐이지만, 한 장면도 놓치면 안 되는 연속극이라도 보는 듯이 눈동자도 돌리지 않았다.

　우리가 마주 앉아 서로의 눈만 쳐다보며 나갈까를 궁리하고 있을 때, 손님 중 누군가와 눈이 마주쳤고 손가락으로 가리키는 곳을 보았다. 그곳에는 음식을 주문하는 자판기가 있었다. 자판기에는 사진도 없이 여러 개의 버튼만 있었다. 일본어를 모르는 까막눈이 모여서 아무리 궁리를 해본들, 그 오래된 우동집의 진짜배기를 알 수는 없는 노릇이었다. 그러나 식도를 넘어 머리를 점령한 국물 냄새는 우리에게 포기라는 것을 허락하지 않았다. 검색과 손짓발짓으로 알아낸 가장 맛있는 메뉴를 눌렀다. 아주 오래전, 그러니까 내가 처음 서울에 올라와서 지하철을 탈 때 내던 승차권 같은 주문표가 나왔다. 문득 시간의 역에 들어온 듯한 착각에 기분이 아르не하게 좋았다.

　주문을 하느라 걸린 시간보다 훨씬 짧은 시간이 지나고 마침내 우동과 마주했다. 그리 크지 않은 우동그릇에 뒤얽힌 면과 툭 던져 놓은 고기 몇 점이 전부인 우동 한 그릇이었다. 식탁에 놓여 있던 생강채를 조금 덜어내 놓고 국물부터 한 숟가락 떠먹었다. 냄새와 맛이 똑같았다. 자극적이지 않고 얼른 숟가락을 다시 뜨게 만드는 깊은 맛. 조금 쌀쌀한 날씨를 견디던 몸이 금방 따스해지는 맛. 이곳이 이방의 시골이 아니라 자주 오던 동네 같은 기분이 들었다. 무라카미 하루키는 우동 기행문을 썼다는데, 혹시 이 오래된 우동집 얘기는 없을까하는 궁금증도 일었다.

　서럽고 마음이 허한 날에는 따뜻하고 맛있는 걸 배불리 먹는 게 최고의 약이라는 내 생각이 또 한 번 옳은 날이었다. 남들처럼 자유롭고 마음대로 여행을 할 수 없는 여러 사정으로 인해, 어렵게 계획하고 나서는 여행이 항상 즐거운 것만은 아니었다. 때로는 여행을 준비하는 시간이 훨씬 더 여행 같은 기분이 들기도 했고, 실제로 여행이 하루라도 빨리 끝나길 바라는 때도 있었다. 그때도 그랬다. 딱히 누구의 잘못은 아니지만 함께 하면서 서로 힘든 마음을 보이지 않으려고 애쓰는 것 자체가 지치는 일이었다.

　오키나와 섬의 바람이 내 몸속을 다 뚫고 지나갈 듯이 부는 날.

우동집에서 먹은 뜨거운 우동 한 그릇은 위로와 같았다. 마음을 감싸주는 좋은 말도 좋지만, 어떤 때는 그저 아무것도 모르는 척, 아무 말도 묻지 않고 속을 채우는 일. 그런 한 끼는 말보다 큰 힘이 되었다. 게다가 낡은 우동집에 모여 앉은 낯선 얼굴들도 아름다웠다. 예쁘게 가꾸지 않은 그대로의 삶의 모습이 그들에게도, 우동 한 그릇에도 담겨 있었으니까.

 우동집을 나오면서 나는 내 인생의 속도를 조금 늦추어도 좋겠다고 생각했다. 무엇을 붙잡으려 달려가던 속도를 늦추고 우동국물처럼 깊어지거나 우동집 주인처럼 묵묵해지기로. 어쩌면 그 우동이 최고의 맛은 아니었을지도 모른다. 하지만 정신을 살려내는 뜨거운 한 그릇은 그 무엇과도 바꿀 수 없는 거룩한 한 끼이다.

기원의 방식 1

눈물과 어둠으로 가득 찬 가슴에
양지바른 마음을 내려주소서

슬픔이 나를 귀의시킨다

시작 노트 *

　기원에 대해 생각해 본다. 가장 회의적인 사람의 마음속에서도 결코 그 어떤 의심도, 일말의 의혹도 일어날 수 없는 방식의 기도는 저절로 가슴팍에 모아지는 두 손일 것이다. 절망하지 않으려는 사람들이 하는 일, 그것은 마음 속 아득한 것들을 합장한 두 손에 보듬는 것이다. 그래서 무언가를 기원한다는 것은 삶에 대한 용기를 다시 가지겠다는 다짐이기도 하다.
　낙산사 해수관음상 앞에서 두 손을 모았다. 마치 쫓기다가 항복하는 짐승처럼 순순히 무릎을 꿇고 머리를 조아렸다. 내 삶보다 더 빌고 싶은 다른 삶이 있으므로 그만큼 더 깊이 몸을 숙였다. 인생의

고통과 슬픔을 심장으로 겪는 동안, 내가 기댈 곳은 믿지 않는 신 밖에 없었다. 영혼의 울음을 들어주는 존재라면 무엇이든 신의 이름을 붙였다. 세상의 모든 신께 희망을 걸었던 초라하고 선량한 마음을 부디 거두어주시기를 빌고 또 빌었다. 슬픔은 그토록 힘이 세고 기원은 그토록 간절한 것이었다.

　　이제 더는 못하겠다고, 지금까지 할 수 없었던 것처럼 앞으로도 소용없을 것이니 그만 멈추고 싶다는 생각이 나를 옥죄면, 그때 한 걸음만 더 내 디딜 수 있는 힘을 내게 주소서.

허공의 문

입구도 출구도 아닌 문

유정(有情)한 것들을 위한 말은 쓸모없고
내용도 없는 것이 되어 버리는

이 문 앞에서는
누구나 홀로여야 한다

시작 노트 *

　여행자가 가장 여행하기 어려운 풍경은 여행자에게 가장 강한 영향을 미치는 풍경, 곧 여행자 자신의 생각 속에 녹아 있는 풍경이라고 리베카 솔닛은 썼다. 나는 이 풍경을 마주하고 그녀의 말을 다시 떠올렸다. 단순하고 단출한 이 풍경은 번잡한 세상을 한참 벗어나 있는 듯했다. 기쁘고 슬프고 행복하고 불행한 유정(有情)의 세계 너머로 가는 문처럼 보였다. 그래서였을까. 나는 자석에 이끌리듯 저절로 발걸음이 옮겨졌으나 사진을 찍으려는 사람들의 긴 줄을 보고 나서는 현실을 실감해야 했다. 그들은 모두 멋진 인생이 시작되기를 기다리는 사람처럼 생기가 있어 보였다. 신중한 은둔자 같은 나는 그것이 무척 낯설게 느껴졌다. 사람들은 계단을 오르는 사뿐한 걸음걸이까지 담으려고 동영상을 찍고 오르락내리락 반복하며 몇 번이고 또 찍었다. 수백 장의 사진을 기대하는 이들은 사근사근하게 맞장구를 쳐주는 친구들과 함께 긴 기다림도 가볍게 견뎠다. 나도 견뎠다. 다른 이유로.

　멀리 바다가 보이고 하늘이 보인다. 벽도 없고 기둥도 없고 지붕도 없고 그저 네모난 문 하나가 전부인데, 그 문마저 있는지 없는지 알 수가 없다. 마음의 문이 있다면 저럴까. 허공에 우뚝 세워진 저 문을 지나면 어디가 나올까. 바다도 아니고 하늘도 아니고 땅은 더더욱 아닐 것이다. 그러면 어딜까. 각자 열고 싶은 문을 열고 각자 닿고 싶은 곳에 닿게 되는 문일까. 내가 미처 생각지도 못했던 것이 나타날까. 목적도 애도도 없는 무감각의 경계처럼 허공 속에 문 하나가 서 있다.

이처럼 낯선 풍경이 주는 선물은 이미 알고 있던 내 마음을 재확인 하는 것이 아니라 몰랐던 것을 알게 되는 놀라움일 것이다. 그게 아니라면 내가 이 풍경에 나를 이토록 끌어들이지는 않았을 테니까.

이곳에 오른 사람이라면 누구나 허공의 문을 지날 수밖에 없다. 그리고 우리는 고작 '텅 빔'을 향해 이토록 달리고 있었다는 사실을 깨달으며 무엇이든 볼 것이다. 아찔한 가슴이든 미적지근한 사랑이든 보이지 않는 바람이든 만나게 될 것이다. 입구도 출구도 아닌 문을 통해 그 어떤 경우의 만남을 맞닥뜨리든 간에 무엇보다 안심이 되는 것은 이 문 앞에서만은 우리 모두 홀로여야 한다는 사실이다.

○

하루가 가는 일이 다행이라는 생각이 드는 날은

뭔가를 참아낸 날이다.

입 밖으로 내지 못한 맹세를

허공의 문을 열고 한 날이다.

우도(牛島)에서

홀로 살러 들어온 사람처럼
허공과 바람 한 줌을 쥐고
섬의 풍경이 되었다가

새들이 하늘의 크기를 넓히는 날
다시 떠나가리

시작 노트*

　제주도를 여러 번 다녀와도 우도에 간 것은 그때가 처음이었다. 매번 다른 사정이 발목을 붙잡아서 늘 우도와는 인연이 닿지 못했다. 보이는 것보다 훨씬 멀게 느껴지는 곳이었다. 그리고 가지 못해서 더 환상적인 느낌만 커지는 곳이기도 했다. 그러나 그때는 희한하게도 아무 사정이 겹치지도 않았고 못갈 이유를 만들려고 해도 생기지 않았다. 드디어 우도에 닿았다.
　작고 순한 언덕들과 하늘을 덮은 까마귀떼. 우도에 대한 첫인상이었다. 바다와 바람과 우수에 취한 채 방향도 없이 날아다니는 새들. 질서나 무질서를 일체 떠난 새들의 움직임이 예쁘게 꾸며놓은 장소보다 마음에 들었다. 새들은 형이상학적인 문제나 사랑에 대한 의

심을 하지 않아서 자유로워보였다. 내 핏줄로 흘러들어간 본능대로 산다는 것. 자유는 어떤 교훈 속에 가두어 놓을 수 있는 것이 아닐 거라고 우도의 까마귀떼를 보면서 문득 생각했다. 싸워서 얻은 자유와 버려서 얻은 자유. 이런 복잡한 비교를 하다가 그만두고, 우도에서는 나도 나그네의 냄새가 좀 났으면 싶었다. 까마귀떼처럼 허공과 바람 한 줌으로 만족할 수 있었으면 얼마나 좋을까하고.

늘 과도하게 집착하는 생활의 의욕을 벗어도 좋고 내 욕망이 쓰레기봉투만큼의 쓸모도 없는 곳. 내 마음이 열망하는 것은 그렇게 책임을 버릴 수 있는 장소였는데, 바람의 점령지인 우도에서는 내가 그토록 바라던 달콤한 무위의 시간이 짧게 흘러갔다.

기원의 방식 2

나에게 이토록 매달린 것이
운명인지 환영(幻影)인지
금을 그은 사람은 얼마인지

마음의 테두리를 넘어선 것들 묶어서
비손을 한다

시작 노트

나는 늘 소망과 소원이 마음속에 가득한 사람이라 무엇이든 어디든 구원의 손길을 줄 수 있을만한 곳이라면 기원을 올린다. 굳게 약속한 종교도 없거니와 무슨 신이든 진리는 한 가지라고 믿는 어리석은 나에게 기원의 형식은 중요하지 않기 때문이다. 그저 나의 바람들을 이루어주는 것만이 내겐 신의 이름에 가까운 존재가 될 뿐이다.

여행길에서 저런 신비로운 풍경을 만났다면 그건 나에게 '네 소원을 말해봐, 어서'라는 부름과 같이 들릴 뿐이다. 목적지가 있었어도 순식간에 경로를 바꾸고 양손에 작은 돌을 주워 돌진한다. 언제 어디서건 열 개쯤은 빌 수 있는 소원 목록을 다시 생각하며 기도하는 자세를 만든다. 그리고 무릎을 꿇고 돌을 올려놓고 비손을 한다. 복권 당첨이나 베스트셀러를 기도하는 일은 없었으므로 대체로 나의 기도는 절반쯤은 이루어져왔다. 그래서 오늘도 기원을 한다. 그저 아프지 않고 힘들고 무서운 일이 생기지 않는 평범한 날만 있기를.

한 번도 소원을 빌어보지 않은 사람은 없을 것이다. 이건 살면서 한 번도 어려움을 당하지 않은 사람은 없다는 것과 같은 말이다. 신을 믿지 않아도 신을 두려워해야 할 일들이 인생에는 흔하고, 신을 믿지 않지만 그래도 사노라면 가끔 신의 숨결을 느끼고 싶은 순간도 있는 법이다. 다른 모든 도움이 공허할 때, 투명한 밧줄에 손발이 묶인 것 같은 때면 보이지 않는 신을 찾아가 절박함을 말하고 만다.

우리가 구하도록 허락된 단 하나의 구원이 무엇인지는 모르겠지만, 이 세상에는 우리의 눈만으로는 볼 수 없는 영역이 있지 않은가. 저 기다란 줄마다 묶여있는 절실한 마음들이 있지 않은가. 내가 결코 몰랐던 방식으로 구원이 올지도 모르므로 나는 또 마음을 모은다.

정동진

누군가의 외로움에서 시작된 걸음이
비로소 끝나는 곳

하늘과 바다에게 모든 것을 빚진
한 시절을
다시 만나는 곳

시작 노트

  수백 톤의 바닷물을 가져다놓아도 그것은 바다가 아닌 것처럼, 파도소리가 들리는 역을 아무리 가도 정동진은 되지 못한다. 정동진보다 더 깊고 푸른 바다를 가진 곳도 있고 정동진보다 더 예쁜 역사(驛舍)를 가진 곳도 있고 찾아가기 더 쉬운 바닷가 역도 많다. 하지만 내게 정동진의 느낌은 한때 첫사랑을 가졌었다는 그런 느낌과 비슷해서 도무지 대체물을 찾을 수가 없다.
  아주 오랜만에 다시 정동진을 찾았을 때, 바뀐 모습에 적잖은 서운함이 들기도 했으나 아무리 좋게 꾸며도 장소는 인간의 손길로는 길들일 수 없는 어떤 기운을 간직하기 마련이라는 점도 느꼈다. 바다와 조그만 역에 상처를 두고 간 수많은 사람들, 삶에 찾아오는 위기를 넘기고자 머물렀던 마음들, 혹은 낭만의 기쁜 웃음소리들이 켜

켜이 쌓인 곳이 정동진인 것처럼. 그곳으로 이끈 마음이 무엇이든 간에 그곳에 가면 나를 이끄는 또 다른 것을 만나곤 한다.

깨끗하고 세련되게 단장한 지금의 모습이 아니라, 멋진 인생이 시작되기를 기다리던 나이에 처음 보았던 그 풍경 그대로의 정동진. 내가 언제 찾아가도 나는 내 기억속의 정동진에 내리는 기분이다. 왜냐하면 풍경은 나의 이야기와 결합했을 때, 비로소 어떤 자리 어떤 가치를 얻기 마련이고, 그렇게 세워진 풍경은 쉽게 바뀌지 않기 때문이다. 그런 의미에서 정동진은 내게 삶을 바꾸는 곳은 아니었을지 몰라도 삶을 나아가도록 기운을 주는 곳임은 분명하다. 누가 사랑하고 누가 사랑받았는지, 시간을 거슬러 약속을 찾아주는 내 오랜 정동진.

이중섭의 방

누구도 이 방의 진짜 크기를 알 수 없다

그의 물고기가 사는 세상이 어디인지 모르므로
그의 은종이가 얼마나 애틋한 것인지 모르므로

문밖의 내가 보는 것과 문안의 그가 산 넓이는
같을 수가 없다

시작 노트

　가족과의 행복했던 시간은 너무 짧았다. 섶섬이 보이는 풍경을 그리던 때를 지나고 시절은 의도와 다르게 흘러서 화가는 죽는 날까지 그리움과 외로움으로 살았다. 인생에서 가장 단란했던 한 때가 이 작은 방에서 지낼 때라는 사실이 가슴을 뭉클하게 한다. 일본에 있는 아내와 아이에게 보내는 애틋한 편지지처럼 단정하고 반듯한 방이다.

　그 작은 방 앞에 서서 나는 여러 가지 생각을 했다. 화가는 마당에서 노는 아이들을 보려고 문턱 가까이 앉아 있었을까. 자신이 그린 그림 속처럼 물고기를 잡으러 가고 둥글게 저녁을 같이 먹던 시간을 어떻게 마음으로만 견뎠을까. 그러면서도 눈물을 향해 가는 것들을 어떻게 그리 맑게 그릴 수 있었을까. 하지만 가난과 고통은 육체를 부수고 고독과 슬픔은 영혼을 분해하였을 테니, 화가의 마지막 삶이 비참할 수밖에 없었구나 싶었다. 그 상황에서 어떻게 예의 바른 절망을 바랄 수 있었겠는가.

　마당 구석의 평상에 앉아 담배를 싼 종이에 그린 화가의 그림들을 떠올리며, 집을 둘러싼 나무들을 보며 그가 남긴 말을 되새기며 생각했다. 사랑이 있었던 곳은 아무래도 오래 아프다. 그것이 풍경이라 하더라도.

삶은 외롭고
서글프고 그리운 것
아름답도다 여기에
맑게 두 눈 열고 가슴 환히 헤치다.

- 이중섭, 〈소의 말〉 중에서

물길

당신이 열어주는 지름길
오직 한 사람만 지나갈 수 있는 마음의 길

이 길을 따라서
누가 나보다 더
당신 가까이 갈 수 있을까

시작 노트

　당신에 대해서 나는 마음의 준비를 해 본적이 없는데 왜 운명은 나를 당신 가까이 끌어들였을까. 당신의 눈빛과 내 눈빛이 얽힌 시간은 찰나에 불과했지만 어떻게 한 순간 만에 당신의 눈길에 포박당했을까. 그러고도 우리는 어찌하여 먼 길을 사이에 두고 있어야 할까. 그것도 쉽게 가지 못하는 길을 두고. 그럼에도 결국 당신이 내 삶의 이야기가 된 건 정말 누구의 뜻이었을까.

　그리움이 밀려올 때면 '당신'이라는 말을 곰곰이 생각해 볼 때가 있다. 그 말이 가진 친밀함에 놀라 가슴이 두근거리기도 하고, 다른 사람에게는 함부로 할 수 없고 다른 말로는 바꿀 수 없는 긴장감에 안도하기도 한다. '당신'이라는 말은 그렇게 만들어진다. 그러므로 당신에 대한 사랑은 내가 이해할 수 있었던 것보다 훨씬 더 많은 의미를 가진다.

　당신을 사랑하기 전에는 알지 못했다. 내게 사랑의 능력이 얼마나 있는지를, 내가 얼마나 멀리 오래 당신을 향해 걸어갈 수 있는지를. 나를 위해 지름길을 열어주는 당신도 당신이 얼마나 한 사람에게 굳건한지를 이전에는 알지 못했듯이. 우리는 마음의 길을 만들며 '당신'이라는 말에 '사랑'이라는 뜻이 가장 분명하게 있음을 알아간다. 사랑하는 한 가지 이유가 사랑하지 말아야 할 백 가지 이유를 이기므로, 사랑은 나의 사건이자 당신의 사건이고 우리 둘의 공모가 된다. 물길이 마르고 내 걸음이 당신을 잊는 그날까지⋯⋯ 당신이 있었고 사랑을 했다. 그것은 진짜였다.

동해의 오후

사랑도 감히 붉어질 수 없을 것 같은
동쪽 바다 늦은 오후

심해 같은 내 가슴에 줄을 드리우고
아무도 알지 못하는 비밀 하나
혼자서 잡았다가 놓아준다

시작 노트 *

　머잖아 하늘은 바다로 내려오고 바다는 하늘로 올라가 만날 것만 같은 날씨였다. 바다란 언제나 제 위의 하늘을 담는 법이어서 찌푸린 날씨에도 아름다운 바다는 없다는 것을 실감하게 하는 풍경이었다. 외로움이 어느 정도를 넘어서면 가슴이 가득차서 눈물 없이 견디기 힘들어지는 것처럼, 오늘 바다는 외로운 바다다.
　실연이라도 당하고 울기 좋은 곳을 찾는다면 추천하고 싶다는 생각이 들 정도로 황량한 모습이었다. 이 세상의 우울을 다 출렁이게 하려는 듯, 그 흔한 갈매기 한 마리조차 보이지 않는 흐린 바다에 누군가 낚싯대를 세워 놓고 사라졌다. 고기를 낚으려는 것인지 낚시를 핑계로 집을 나온 것인지 파도 소리가 목적이었는지 알 길 없어도, 누군가 기다림의 자세를 내려놓고 사라졌다. 오랫동안 빈손에 맨가슴이었을 것 같은 낚싯대의 주인은 보이지 않았다. 차츰차츰 바람도 풍경 속에 편입되어 그 일부가 되어갔다. 꼭 정신의 풍경 같았다.
　아무런 일도 일어나지 않을 것 같은 조용한 동쪽 바닷가. 그런 곳에서는 심해 같은 가슴 속까지 낚싯대를 드리우고 인생에서 단 한 가지 숨겨놓은 거짓이 있다면 말하고 싶어질지 모르겠다. 그러고 나면 바다가 모든 것을 말갛게 씻어주고 오래전 바다가 써 놓은 원문을 읽게 될 수도 있지 않을까. 이 세상에 슬픔을 만들어낸 분의 말씀을 듣게 될지도 모르고. 아무려나 그 모든 것의 밑밥은 바로 내 마음이라는 것을 주인 없는 빈 낚싯대를 보며 알았다고만 해야겠다.

삶의 폭죽

네 곁에서 천 번의 노을을 보려면
심장 하나쯤 터트려야 하나

눈보라 같은 슬픔을 지나가려면
영혼을 태워야 하나

시작 노트 *

　해가 지는 시간에 당도한 서쪽의 어느 바닷가는 조용했다. 사람들이 없어서 쓸쓸하다고 할 만한 풍경이었다. 불꽃과 폭죽을 살 사람이 없으니 파는 사람도 어딜 가고 빈 의자와 백열등만 바다로 몰려오는 어둠을 맞고 있었다. 눈길을 끌기 위한 것이었겠지만, 거꾸로 붙여놓은 광고판이 한적한 바다보다 더 쓸쓸하게 느껴졌다. 소망등 세일이 자꾸 소망 세일이라고 읽히는 건 무슨 까닭이었는지. 저 폭죽을 터뜨리면 삶이 손쉬운 것이 될 건지. 삶의 한 고비를 무사히 통과할 수 있는지. 폭죽을 살 것도 아니면서 리어카 상점 앞을 떠나지 못하고 어슬렁거렸다.

　사람보다 사랑이 모질 때, 누구도 잘못하고 있지 않은데 삶의 뭔가가 잘못된 방향으로 흘러가는 듯한 느낌이 들 때, 저런 소망등이라도 올려보고 싶어진다. 마음속의 일들을 해결할 수 없을 때, 큰 소리를 내며 펑펑 터지는 폭죽으로 다 날려버리면 얼마나 좋을까. 만약 언젠가 내가 없어져도 시 한 줄만은 남기를 소망할 땐 신이 만든 지구만한 등이 필요한 걸까.

　내가 그 자리를 떠나올 때까지 주인은 오지 않았다. 다른 이들의 소망 같은 건 잊어버리고 가까운 포장마차에서 이미 반쯤 술기운과 웃음소리에 취해 밤을 보내고 있는지도 몰랐다. 삶에 소망등과 폭죽이 필요한 사람들은 다른 불빛들을 찾아 또 어딘가로 떠나고, 소망등 불빛만 소망처럼 꺼지지 않았다. 밤바다는 우직하게 어두워져 가는데……

기원의 방식 3

잔잔한 물결로부터 몸을 닦은 돌
모든 먼 곳으로부터 날아온 바람의 색을 입은 돌

그 돌을 쌓아
빈 마음을 손길로 바꾸고
눈빛을 운명으로 바꾼다

시작 노트 *

  돌은 때로 기원의 토템이 된다. 신은 기도마다 즉각 답해주지 않으므로 구원이 필요할 때마다 내 곁에 있는 모든 것으로 기원을 한다. 차곡차곡 염원이 쌓여도 무너지지 않을 만큼 모양이 반듯한 돌들을 찾아 올린다. 돌 밑에 깔린 돌을 뒤적이고 조금씩 더 작은 돌을 골라 쌓는다. 너무 높이 쌓으면 위태로워지고 아무것이나 쌓아도 흔들리고 만다. 어쩌면 기원도 이러한 것이리라. 어처구니없이 높은 바람이 아니어야 하고 마음속으로 오래 준비된 것이어야 하는 것인지도.
  작은 바닷가의 나무랄 데 없는 해변에서 쏟아지는 햇살을 받으며 돌에 마음을 담는다. 내가 떠나고 난 뒤에는 무너져버릴 돌이지

만, 잠시라도 마음을 지극하게 하는 시간 자체가 바로 기도일 것이다. 얼마간의 순정함 없이는 기원이 쌓일 수 없는 것이니까 나는 깨끗한 마음만 모은다.

    매일매일 내가 원하는 것들의 목록이 늘어가도 나는 다만 이것만을 바랄 것이다. 이기는 것이 아니라 완전히 지지 않는 정도의 행운을 달라고. 그리고 내 다정한 심장이 네 무심한 마음에 닿아 의미가 생기면 좋겠다고. 그렇게 된다면 나는 더 이상 삶을 욕심하지 않고 축복할 거라고 속이 텅 빈 소라껍데기를 올려놓으며 한 번 더 간절하게 생각한다.

지극한 슬픔

말할 수 없는 존재로 태어났어도
지평선의 끝, 야생화 풀밭
꿈꾸면 안 되냐고
뼈가 굵어지지 않은 어린 몸이 운다

그 울음을 듣는 것만으로 나는 죄인이 된다

시작 노트 *

서른 즈음, 이중섭의 <묶인 새>를 보고 소름이 돋도록 가슴을 떨었던 적이 있다. 어떤 색도 입히지 않았고 어떤 자세한 표정도 더하지 않은 단순한 그림이 그만큼 강렬한 느낌을 준 건, 그 시절 내가 꼭 묶인 새의 처지와 다름없었기 때문이었다. 목을 묶인 채, 묶은 줄 끝에는 돌덩이가 달린 채, 날개를 접고 발을 모으고 있는 새. 바람과 햇살 속의 나무가 아닌 위태로운 나뭇가지에 온 몸이 묶여 앉아 있는 새. 오직 모가지를 길게 늘이는 것 말고는 어떤 저항도 해 볼 도리가 없는 새 한 마리의 슬픔은 너무나 지극했다. 새를 본 나는 혼자만의 태풍을 만난 느낌이었다.

그 뒤로 나는 종종 나를 묶고 있는 것이 무엇인지 의식하는 버릇이 생겼다. 새에게 달려있던 돌덩이 같은 것을 내게서 자꾸 찾아내려 했다. 그럴 때마다 모든 관계들로 단단하게 꼬인 밧줄과 가장 튼튼한 운명의 밧줄이 나를 칭칭 감고 있는 듯했다. 욕망, 불안과 슬픔의 돌멩이들이 주렁주렁 달려 있는 것도 보였다. 시간이 아무리 흘러도 낡지 않고 부서지지도 않는 밧줄과 돌멩이들. 나는 그것들을 잘라내는 상상을 얼마나 많이 했던가. 생각하다가 지쳐 어쩔 수 없다는 체념이 들면 모가지의 뼈를 더 오므려본다든지 몸과 마음의 살을 빼본다든지 하는 애를 써보기도 했다. 그런다고 변화가 생길 리 만무한데도 말이다.

이런 여러 가지 이유를 붙이지 않더라도 말 못하는 짐승의 묶인 모습은 보는 이의 마음을 몇 곱절 더 안타깝게 한다. 누군가 다른 존재를 묶을 이유와 권리와 힘은 과연 정당한가 묻고 싶어진다. 어린 사슴 한 마리가 긴 줄에 묶여 있는 동물원에서 말할 수 없는 분노가 치솟은 것도 그런 이유였다. 뼈가 굵어지지도 않은 사슴에게 목을 옥죄는 쇠사슬과 굵은 밧줄이 왜 필요한가. 튼튼한 울타리로 부족할 만큼 그는 위험한 존재인가. 이것이 이중섭의 그림이 아니고 눈앞의 현실이라는 것에 죄책감마저 들었다.

저 어린 사슴은 아득한 지평선을 본 적이 있었을까. 야생화속에서 여린 풀잎만 골라먹는 방법은 알고 있을까. 온갖 생각들과 돌덩이 같은 마음을 끌며 걸음을 옮기는데 머릿속에서인지 허공에서인지 끊임없이 들려오는 소리가 있었다. 몸서리치도록 아프고 간절한 한마디.

'나를 풀어줘'

내가 마침내 내 몫의 자유를 얻었을 때

그것으로 무엇을 해야 하는지 나는 알 수 있을까.

내 안의 상처로 무엇을 해야 사소한 눈물의 이유를

남기지 않을 수 있을까.

…너무 희망차지 않게 그날을 기다린다.

터미널에서

호박잎을 비벼 된장을 끓이는 엄마가 늙어가고
늙은 몸이 오그라지고 있는 먼 곳

그곳을 떠나자
모든 길이 그곳으로만 간다

시작 노트 *

  거창. 내가 태어나서 자란 고향이다. 그리고 이제는 떠나온 곳이다. 하지만 어디서건 고향의 지명만 보면 회귀본능이 느껴진다. 남들보다 유난스레 고향을 사랑하는 것도 아닌데 고향은 여전히 돌아가야 할 곳인 것만 같다. 떠났으므로 평생 귀향을 앓는 사람이라고 할까. 마음껏 큰소리치며 떠났던 곳이지만 더 온순해져서 돌아가게 되는 곳. 고향이라는 말에는 중력이 모두 모이는 듯한 느낌이 있다.
  어느 터미널 안내판에서 또 고향을 만났다. 버스를 타고 고향을 가 본 게 언제였는지 기억이 희미하다. 삶은 변했을지 모르지만 내가 느꼈던 감정은 조금도 변하지 않고 남아 있는 그곳. 살아오면서 고장

난 것들을 고칠 수 있을 것만 같은 그곳. 내가 얼마나 비참해지더라도 나를 받아 줄 엄마가 있는 그곳.

　이미 끊어놓은 차표를 취소하고 고향으로 가는 차표로 바꾸면 어떨까, 주춤거린다. 나를 조금 더 자유롭고 수월하게, 더 노련하게 다룰 줄 아는 나이가 되었어도 사는 일이 힘들 때면 홀연 고향 가는 버스가 타고 싶어지다니…. 방황의 미로 끝에는 늘 고향이 있고 거기에는 늙은 여인이 있기 때문이라는 걸 말하지 않는다고 모를 리가 있겠나.

우리 사랑은

서로를 만나
조금씩 비어가는 일
마음의 그림자만 남으면
몇 번이고 다시 그림자를 적시는 일
물거품처럼 부서지면서

시작 노트 *

　언젠가 함께 가자던 그 바다. 그것이 전부였던 그 약속을 따라 혼자 바다에 왔다. 흐린 마음만큼이나 흐린 하늘. 무심하게 한 약속 같은 건 차라리 하지 않는 것이 좋았겠다고 원망을 한다. 무슨 대책도 없이 사랑을 믿어버린 나를 탓한다.
　나는 어쩌다 물거품 같은 사람을 품게 되었는가. 망망대해 같은 삶에서 어쩌다 한 사람을 만나 비로소, 어쩌면 막을 수 없이 사랑이라는 것을 하게 되었는가. 나는 여태 당신의 꽃도 심장도 되지 못했는데, 공허하면서도 애틋한 이것을 무엇이라고 해야 하는가. 내 마음이 조금만 더 차가웠다면 우정이 되어 편안했을까. 아니면 내가 지금보다 더 많이 당신을 사랑하면 덜 아파질까. 어째서 당신을 두고 삶의 어떤 부분은 사랑이라고 부르고 다른 부분은 슬픔이라고 불러야 하는가.
　마음의 새까맣고 고독한 실루엣이 파도에 씻긴다. 아무리 적셔도 젖지 않는 그림자를 물결은 또 하염없이 덮는다. 그 한없는 반복을 보며 나에게 묻는다. 도대체 사랑은 무엇이기에 사람의 마음을 물거품처럼 부서지게 하고, 부서진 마음을 간신히 붙여서 또 그 사람에게 다가가게 하는 걸까… 나는 그 자리에 뿌리를 내린 것처럼 서서 멈추지 않는 바다의 손길 같은 것이 사랑이라고 다시 믿는다. 단단히 붙잡지도 깨끗이 놓아버리지도 못하는 우리에게 다른 도리는 없으므로. 또한 똑같은 사랑은 두 번 다시 없을 것이므로.
　입술 위 마지막 숨이 사라질 때까지 오로지 보고 싶은 마음 하나로 견디는 사람, 함께 있지 못해도 헤어질 수는 없는 사람들이 바로 우리인데. 내가 그리고 당신이 어떻게 사랑을 떠날 것인가.

당신은
어떻게 사랑을 떠날 것인가

ⓒ 이운진 2023

초판 1쇄 발행 2023년 1월 10일

지은이 이운진
디자인 김신애
일러스트 정원
제작 ㈜공간코퍼레이션
펴낸곳 소월책방
펴낸이 이운진
출판등록 2022년 2월 14일 제2022-000063호
주소 06001 서울시 강남구 압구정로151, 126-801
전자우편 sowolbooks@naver.com
ISBN 979-11-980447-0-9 03810

* 책값은 뒤표지에 있습니다.
* 잘못 만든 책은 서점에서 교환해 드립니다.
* 이 책의 전부 또는 일부 내용을 재사용하려면 반드시 저작권자의 사전 동의를 받아야 합니다.
* 이 도서의 국립중앙도서관 출판예정도서목록(CIP)은 서지정보유통지원시스템 홈페이지(http://seoji.nl.go.kr)와
  국가자료공동목록시스템(http://www.nl.go.kr/kolisnet)에서 이용하실 수 있습니다.

이 도서는 한국출판문화산업진흥원의 '2022년 중소출판사 출판콘텐츠 창작 지원 사업'의 일환으로
국민체육진흥기금을 지원받아 제작되었습니다.